GÜNTER KRALLMANN

LEUCHTEN FÜR GOTT

Eine Orientierung und Ermutigung für

die Stillen im Lande

Verlag Gottfried Bernard

© 2021 Verlag Gottfried Bernard
Heidstraße 2a
42719 Solingen
E-Mail: verlagbernard@gmail.com
Internet: www.gbernard.de

Grafikdesign: Stefanie Riewe – SR-Mediengestaltung, Weimar
Satz: Ulrike Krallmann / Überarbeitung: Daniel Bernard
Druck: Müller Fotosatz & Druck GmbH, 95152 Selbitz

Printed in Germany

ISBN 978-3-941714-74-8
Bestell-Nr. 175574

Die Bibelzitate entstammen in erster Linie der Zürcher Bibel (2007). Daneben wurden benutzt: Luther (2017, 1960), Schlachter (2003), Elberfelder (1985/1991/2006) und Zürcher (1955).
Zitate aus King James Version (1982), New King James Version (1982) sowie ‚The New Testament' gemäß C. B. Williams und R. F. Weymouth wurden vom Autor aus dem Englischen übersetzt.
Außer bei den fünf Büchern Mose sind alle Abkürzungen nach der Lokkumer Vereinbarung standardisiert.

Mit diesem Buch verbinde ich

meinen herzlichen Dank für
„die Stillen im Lande",
durch die ich in Deutschland, Kanada, USA,
Südafrika, Lesotho, England, Norwegen, Spanien
und der Schweiz in reichem Maße gesegnet wurde,

sowie

meine besten Segenswünsche für
„die Stillen im Lande",
die das Herzensanliegen teilen,
vermehrt für Gott zu leuchten und zu brennen.

„Es ist keine leichte Angelegenheit,
Christ zu sein.“

SAMUEL RUTHERFORD[1]

„Es ist eine ernste Angelegenheit,
weitaus ernster, als die meisten denken,
ein wahrer Christ zu sein.“

ANDREW MURRAY[2]

Inhalt

ZUR EINFÜHRUNG

Mehr als vier Jahrzehnte aktiver Missionsarbeit mit dienstlichem Engagement in vielen Ländern haben mich immer wieder auf das Konzept der mit dem Evangelium noch ‚unerreichten Volksgruppen' stoßen lassen.

Die Bibel differenziert auffällig oft nach Gruppen. So wird auf Fremde und Arme Bezug genommen, da ist von den Gottesfürchtigen, Rechtschaffenen, Treuen, Sanftmütigen und Demütigen, Weisen und Heiligen ebenso die Rede wie von Gottlosen, Abtrünnigen, Widerspenstigen und Sündern.

Vor einer Reihe von Jahren wurde mein Augenmerk speziell auf **„die Stillen im Lande"** gelenkt. Dieser Ausdruck entstammt ursprünglich Psalm 35, 20 (ZB 1955). In kirchengeschichtlichem Kontext fand ich den frühesten Beleg in einem Brief des pietistischen Wanderpredigers Baron ERNST CHRISTOPH HOCHMANN VON HOCHENAU (1670-1721) [3]. Nachfolgend verstanden sich die Freunde des Erbauungsschriftstellers und Liederdichters GERHARD TERSTEEGEN (1697-1769) als „die Stillen im Lande". Später dann wurde die Bezeichnung auf die Herrnhuter sowie Angehörige verschiedener Frömmigkeitsbewegungen ausgedehnt.

Aus meinem anfänglichen historischen Interesse an den „Stillen im Lande" ist inzwischen die gegenwärtige Berufung erwachsen, mich um die *‚unterversorgte*

Gruppe' jener Christen zu bemühen, die sich geistlichen Fortschritt wünschen, für ihren Lebensauftrag geschärft werden möchten, nach mehr biblischer Unterweisung hungern, sich nach Gemeinschaft und Austausch mit Gleichgesinnten sehnen. Mir ist es zum vorrangigen Herzenswunsch geworden, solche Einzelpersonen bzw. Kreise aufzufinden, aufzuerbauen und aufzufordern, ihr Gott-gegebenes Potenzial für Seine Sache vermehrt auszuschöpfen.

Bei der vorliegenden Publikation handelt es sich um eine Art *Programmschrift*. Ihr liegt weniger ein theologisch-wissenschaftliches als ein biblisch-erbauliches Anliegen zugrunde. Sie möchte ein Ruf, Aufruf, Weckruf an alle jene sein, die sich für ein gottgewirktes geistliches Erwachen mit Gebet und persönlichem Einsatz engagieren wollen. Sie sucht die Leser dahingehend zu orientieren und zu motivieren, ihr Bestes für Gott zu leben.

Recht herzlich danken möchte ich all denen, die durch ihre Gebete und praktische Hilfe diese Veröffentlichung ermöglicht haben.

Mögen die nachfolgenden Gedanken dazu dienen, zahlreichen Lesern das Herz dafür (neu) zu entzünden, ihr Licht mehr denn je für Gott leuchten zu lassen.

Veltheim/Schweiz 2021 Günter Krallmann

„So lasst euer Licht leuchten vor den Leuten,

damit sie eure guten Werke sehen

und euren Vater im Himmel preisen."

(Mt 5,16 LU 2017)

„DIE STILLEN IM LANDE“

IN BIBLISCHER ZEIT

Betrachtet man das breite Panorama biblischer Gestalten, richtet so mancher sein Augenmerk vorrangig auf die namhaften Personen ‚in der ersten und zweiten Reihe‘ – wie etwa Mose, David und Paulus sowie Joseph, Josua und Simon Petrus. Doch finden sich auch, in den hinteren Reihen‘ noch weitere Männer und Frauen Gottes, die durch ihr kraftvolles Lebenszeugnis zu ihrer Zeit das Salz der Erde und Licht der Welt waren. Ihr eindrückliches Vorbild liefert uns wichtige Hinweise dafür, was erforderlich ist, um in unserem jeweiligen Lebenskontext effektiv für Gott und die Ausbreitung Seines Reiches wirken zu können.

Schauen wir uns einige dieser stillen doch starken Zeugen näher an.

Henoch

Seine in 1. Mose 5, 21-24 gelieferte Kurzbiographie stellt heraus, nachdem er 65jährig Vater wurde, wandelte er mit Gott – und das über 300 Jahre. Möglicherweise veranlasste ihn die neue Verantwortung seiner Vaterrolle, nach einem tieferen geistlichen Fundament zu trachten. Er entschied sich dazu, in einer engeren Beziehung zu Gott zu leben. Das geschah einerseits auf dem Hintergrund einer wachsenden Familie mit entsprechenden Verpflichtungen und Sorgen, andererseits im schwierigen Umfeld eines gottlosen Zeitalters. Judas 14.15 lässt uns erahnen, wie herausfordernd es gewesen sein muss, in dieser dunklen Ära als Fackelträger der Wahrheit und Botschafter der Rechtschaffenheit aufzutreten.

Henoch wurde zu einem außerordentlichen Zeugen nicht aufgrund einer herausgehobenen *Position*, sondern seiner herausragenden *Disposition*, d.h. seines Charakters bzw. seiner Herzenshaltung.

Kaleb

Einer der zwölf Kundschafter, die Mose ins Verheißene Land aussandte, war Kaleb. Nach ihrer Rückkehr setzte dieser sich dafür ein, im Glauben das Land einzunehmen. Damit riskierte er sein Leben, denn die übrigen Kundschafter – außer Josua – reagierten allesamt aus Unglauben mit Furcht, wofür sie Gottes Gericht auf sich zogen.

Kaleb hingegen verhieß Er: „Aber meinen Knecht Kaleb – weil ein anderer Geist in ihm war und er mir treu nachgefolgt ist –, ihn werde ich in das Land bringen, in das er hineingegangen ist; und seine Nachkommen sollen es besitzen“ (1 Mo 14, 24 ELB). Kaleb hatte *‚einen anderen Geist‘*: er lebte nach anderen Werten und Prioritäten, fürchtete Gott, suchte Ihm zu gefallen, war Ihm treu ergeben, hielt unwandelbar zu Ihm, gehorchte Ihm; er lebte hundertprozentig für Gott – gab sein Bestes, sein Alles, für Ihn.

Hanna

Ernsthaft, gottesfürchtig, demütig, ausdauernd im Glauben und Gebet – Hanna besaß ersichtliches geistliches Format. Obwohl ihr Mann Elkana sie von Herzen liebte, war sie doch zutiefst unglücklich. Denn sie war kinderlos geblieben, außerdem suchte Elkanas andere Frau, die Kinder hatte, Hanna immer wieder zu kränken und zu demütigen.

Schließlich bat Hanna Gott einmal mehr um einen Sohn, gelobte diesmal aber zugleich, ihn im Falle der Erhörung Ihm zu weihen (vgl. 1 Sam 1, 11). Als hierdurch Gottes souveräner Wille und Hannas Herzenswunsch zur Deckung kamen, wurde ihr Gebet erhört. Denn Gott wollte nicht lediglich ihre Kinderlosigkeit beenden (Er schenkte ihr nach Samuel noch fünf weitere Kinder), darüber hinaus suchte Er einen Nachfolger für Eli (vgl. 1 Sam 2, 35).

Jonathan

Ein weiteres Glied in der Kette nobler biblischer Charaktere war Jonathan. Über ihn erfahren wir, dass er David „wie sein eigenes Leben liebte“ (1 Sam 18, 1.3).

Jonathan war frei, eine selbstlose Freundschaft einzugehen, weil er in sich gefestigt war und ruhte, seine Identität in seiner Beziehung zu Gott hatte. Damit stand er weder in Gefahr, eine verborgene Agenda zu verfolgen, noch die Verbindung für eigene Bedürfnisse zu missbrauchen.

Jonathan ergriff die Initiative: er machte David ein wertvolles Geschenk (1 Sam 18, 4); er wollte die Qualität ihrer Freundschaft am Vorbild von Gottes Freundlichkeit ausgerichtet sehen (vgl. 1 Sam 20, 14.15); später suchte er David in der Wüste auf, um ihn in Gott zu stärken (1 Sam 23, 16).

Der beste Weg, Freunde zu gewinnen, ist, selbst Freund zu sein.

Barsillai

2. Samuel 17, 27-29 und 19, 32-40 machen uns mit einer erstaunlichen Persönlichkeit bekannt – dem 80jährigen Patriarchen Barsillai aus Gilead, der König David großzügig versorgte, als dieser vor Absalom floh. Zum einen kennzeichnete Barsillai ein wahres Diener-Herz. Obwohl er sehr reich war, hatte er ein Auge für die Bedürfnisse anderer, handelte ihnen gegenüber freigebig und war doch selbst demütig und bescheiden. Zum anderen verfolgte er klare Werte und feste Prioritäten. Sein Auftreten strahlte Weisheit wie Stärke und Würde aus. Er lebte nur für das Wesentliche, war nebensächlichen Interessen gestorben. Als David ihn für seine Großzügigkeit belohnen wollte, lehnte er anspruchslos zugunsten seines Begleiters Chimham ab.

Simeon

Ihn zeichnete aus, dass er vom Heiligen Geist gelehrt und geführt war. So hatte er die persönliche Verheißung erhalten, er werde nicht sterben, ohne den Messias gesehen zu haben (Lk 2, 26). Warum ausgerechnet er? Die Antwort liefert der Hinweis, Simeon war „gottesfürchtig“ (V. 25). „Die Furcht des HERRN ist der Anfang der Erkenntnis …“ (Spr 1, 7). Gemäß Psalm 25, 14 zieht Gott diejenigen ins Vertrauen, die Ihn fürchten, teilt ihnen göttliche Geheimnisse mit. Tatsächlich – deutet Jeremia 33, 3 an – hält Gott manches sozusagen ‚unter Verschluss‘, um es denen zu erschließen, die Ihm recht begegnen.

Welch ein Vorrecht, welch erstrebenswertes Wachstumsziel, Geheimnisträger Gottes zu sein – gehören wir dazu?

Anna

Eben dann, als sich Gottes Zusage an Simeon erfüllte, befand sich im Tempel auch eine Frau namens Anna. Nach nur sieben Ehejahren war sie verwitwet; inzwischen 84jährig, hielt sie sich ständig im Tempel auf, „diente Gott mit Fasten und Beten Tag und Nacht“ (Lk 2, 37 ZB 1955). Zudem übte sie einen prophetischen Dienst aus, pries und verkündigte Gott.

Offenbar stand ihre gesamte Existenz unter dem Vorzeichen ‚Gott zuallererst‘. Diszipliniert und aufopfernd ordnete sie ihr Leben derart, dass sie die meiste Zeit für Gott einsetzen konnte. Denkbare eigene Wünsche und Bedürfnisse stellte sie zurück, um zur Ehre und Verherrlichung Gottes zu leben. Eine derartig auf Gott fokussierte Lebensweise erfordert einen hohen Preis an opferbereiter Hingabe, doch Anna war entschieden, diesen zu zahlen.

Joseph von Arimathia

Dieser Mann gehörte dem Hohen Rat an und zählte zur angesehenen Elite des Landes. Wie wir aus den Berichten der Evangelien wissen, besaß er einen guten Charakter und hatte der Vorgehensweise des Rates gegen den Herrn Jesus nicht zugestimmt. Nach der Kreuzigung erbat er von Pilatus den Leichnam Jesu und nahm die Grablegung vor an der Stätte, die er für sich selbst erworben hatte.

Anfänglich ein heimlicher Jünger, erkannte und nutzte Joseph Gottes Gelegenheit, als es darauf ankam, trat genau dann aus dem Schatten, als Gottes Zeit für ein mutiges Handeln gekommen war. Indem er Gottes Moment ergriff, machte er mit und für Gott Geschichte.

Stephanus

Als die Jerusalemer Gemeinde Diakone benötigte, wurde Stephanus als einer der sieben eingesetzt. Wie Apostelgeschichte 6, 5-15 belegt, war er ein Mann voller Glauben, Heiligen Geistes, Weisheit, Gnade und Kraft. Durch ihn tat Gott große Wunder und Zeichen. Einerseits zeigte sich die auf ihm liegende Salbung in solcherart außerordentlichen Kraftwirkungen. Andererseits manifestierte sie sich in einer speziellen Ausstrahlung, – dem Hohen Rat erschien sein Gesicht wie das eines Engels –, sowie einem erstaunlichen Grad an Jesus-Ähnlichkeit: Wie sein Herr vor ihm befahl Stephanus seine Seele Gott an und vergab seinen Widersachern (Kap. 7, 59.60).

Ihm wurde sogar das Vorrecht gewährt, vor seinem Märtyrertod „die Herrlichkeit Gottes und Jesus zur Rechten Gottes" schauen zu dürfen (V. 55).

Epaphras

Diesem geschätzten Mitarbeiter stellte der Apostel Paulus im Kolosserbrief das Zeugnis aus: „… Epaphras, euer Landsmann, ein Diener Christi Jesu, der allezeit in seinen Gebeten für euch kämpft, dass ihr als Vollkommene dasteht, erfüllt von allem, was Gottes Wille ist. Ich kann es bezeugen, dass er mit großem Einsatz für euch und für die in Laodizea und Hierapolis kämpft" (Kap. 4, 12.13).

Epaphras gab ein inspirierendes Beispiel für *strategische Fürbitte.* Diese beinhaltet eine klare Zielsetzung (geistliche Reife), sinnvolle Beschränkung (drei Ortsgemeinden) sowie entschiedene Grundhaltung (echten Kampfgeist).

Angesichts des ernsten Kampfes, dem jeder Christ ausgesetzt ist (vgl. Eph 6, 12), genügt es nicht, hoffnungsvoll zu *probieren*; da geht es darum, überwindend zu *triumphieren.*

Die eben erwähnten Personen waren zwar sehr unterschiedliche Charaktere, doch kennzeichnete sie allesamt der gemeinsame Nenner ‚ganz für Gott'.

Sie alle gehörten zu jener Kategorie von Menschen, die den Fokus von 2. Chronik 16, 9 bilden: „Denn die Augen des HERRN schweifen über die ganze Erde, um sich mächtig zu erweisen an denen, deren Herz ihm ungeteilt gehört ...". Mit wem Gott rechnen kann, der kann mit Gott rechnen; wer ganz für Ihn ist, für den ist Er ganz da.

Gottes Sache erfordert nicht viele, sondern die rechten Menschen. Sein Reich wird weniger durch *aktive* als durch *tiefe* Menschen gebaut.

IN DER KIRCHENGESCHICHTE

Wahre Nachfolger Christi können ihre Lebensorientierung von den absoluten Aussagen der Bibel herleiten. Sie dürfen zudem mit der Hilfe des innewohnenden Heiligen Geistes rechnen, der sie in alle Wahrheit leitet (Joh 16, 13). Darüber hinaus steht ihnen noch eine dritte Erkenntnisquelle offen, auf die der Prophet Jeremia hinwies: „So sprach der Herr: Tretet an die Wege und sehet, forschet nach den Pfaden der Vorzeit, welches der Weg des Heils sei; den geht, so werdet ihr Ruhe finden für eure Seele …" (Jer 6, 16, ZB 1955).

Dieses Wort legt nahe, die intensive Beschäftigung mit geisterfüllter Literatur der Vergangenheit (z.B. Predigten und Biografien) sollte nicht als das Hobby einiger weniger Eiferer, sondern als bindende Verpflichtung für alle Christen gesehen werden. Denn hierdurch kommen sie unter den unschätzbaren Einfluss geheiligter Gedanken und Vorbilder, erkennen Gottes Handlungsweisen, lernen wertvolle Prinzipien sowie weise zu entscheiden und Fehler zu vermeiden.

Viele Antworten, die wir für die Gegenwart und Zukunft benötigen, hat Gott uns bereits in der Vergangenheit zur Verfügung gestellt.

Die Reich-Gottes-Geschichte bietet ein breites Spektrum von Bewegungen, die „Stille im Lande" in ihren Reihen hatten. Aus der jeweiligen Wesensart und Entwicklung dieser Strömungen möchte ich gleichsam einige ‚Rosinen herauspicken', die für die weiteren Überlegungen von zentraler Bedeutung sind.

Die Waldenser

Vermutlich vom lateinischen „vallis" (Tal) abgeleitet, bezieht sich dieser Name auf die ‚Tal-Leute' aus den Gebirgstälern des Piémont. In dieser entlegenen italienisch-französischen Alpenregion lebten bereits im Frühmittelalter zahlreiche ‚evangelische' Christen.

Diesen frühen Waldensern galt die Heilige Schrift als einzige Autorität. Ihr Studium stand derart hoch im Kurs, dass einige das gesamte Neue Testament auswendig beherrschten! Für ihre individuelle Nachfolge orientierten sie sich vor allem an der Bergpredigt, waren schlicht und sauber gekleidet, lebten ehrlich und integer. Für ihr Gemeindeleben war das Urchristentum apostolischer Zeit Vorbild und Richtschnur.

Ein vorrangiges Anliegen war ihnen die Ausbreitung des Evangeliums. Prediger, jeweils zu zweit unterwegs, verkündigten Gottes Wort auf der Wanderschaft sowie in Hausgemeinschaften und speziellen Versammlungszentren. Die Bewegung breitete sich in die Schweiz und nach Deutschland aus, beeinflusste Böhmen, Mähren, Ungarn und Polen.

Um ihres Glaubens willen erlitten die Waldenser seit 1183 jahrhundertelang schlimmste Verfolgungen – wurden entführt, verkauft, auf Galeeren verbannt, vertrieben, gefangengesetzt, hingerichtet. Doch hat die Waldenserkirche Ablehnung und Angriffe jeglicher Art überlebt.

Bemerkenswerterweise besteht das ovale Waldenser-Wappen aus einem von sieben Sternen umringten brennenden Leuchter, der umschließende Rahmen trägt die Inschrift: „Lux lucet in tenebris“ (Das Licht leuchtet in der Finsternis).

Die Puritaner

Als Puritanismus bezeichnet man eine Reformbestrebung innerhalb der Anglikanischen Kirche Englands im 16. und 17. Jahrhundert. Da seine Vertreter mehr Reinheit (lat. „puritas“) für die Kirche forderten, wurden sie verächtlich „Puritaner“ genannt.

Mit ihren evangelisch-reformierten und calvinistischen Reformideen wurden sie anfänglich geduldet, gerieten dann jedoch zunehmend in Konflikt mit der herrschenden Monarchie. Unter Bedrängnis trafen sich Gruppen von Puritanern zu innerer Erbauung heimlich in Privathäusern und Wäldern. Wachsende Verfolgung veranlasste puritanische Gläubige auszuwandern, zunächst in die Niederlande, später auch nach Nordamerika.

Im Anschluss an eine Blütephase des Puritanismus unter Oliver Cromwell nahm die Opposition wieder zu. Durch Charles II. kam es 1662 zur „Great Eviction“ (Große Vertreibung), als über Nacht mehr als 2.000

puritanische Geistliche ihr Amt verloren, weil sie sich Gott und ihrem Gewissen mehr verpflichtet sahen als der staatlichen Obrigkeit.

Zwar wurden sie damals offiziell zum Schweigen gebracht, doch im Stillen ging ihr Verkündigungsdienst teilweise weiter. Ihre vollmächtigen Schriften wirken kraftvoll bis heute, als vorrangige Autoren möchte ich T. Watson, J. Burroughs, J. Owen, R. Baxter und J. Bunyan erwähnen. Sie stehen für geistliche Tiefe, umfassende Schriftkenntnis, wahre Gottesfurcht, eifriges Heiligungsstreben und lebendige Jenseitserwartung. Wer sich eingehend mit ihren Veröffentlichungen beschäftigt, kann nicht umhin anzuerkennen: *echtes Christsein ist eine ernste Angelegenheit.*

Die Pietisten

Auch dieser Name war ursprünglich ein Schmähwort (‚Frömmler'). Der „Pietismus" (abgeleitet von lat. „pietas" – Frömmigkeit) stellte ursprünglich eine Erneuerungsbewegung innerhalb des deutschen Luthertums dar, gewann aber im Laufe der Zeit Einfluss auf den Protestantismus weltweit.

Dass sich pietistisches Gedankengut wie ein breiter Strom über Deutschland ergoss und zahlreiche erweckliche Impulse setzte, wurde in erster Linie durch die Programmschrift „Pia Desideria" (Fromme Wünsche) ausgelöst, die PHILIPP JAKOB SPENER (1635-1705) im Jahr 1675 in Frankfurt veröffentlichte. Sein Grund für diesen Schritt war, wie der Vorrede zu entnehmen ist, sein „herzliches Verlangen nach gottgefälliger Besserung der wahren Evangelischen Kirche".[4]

Von den zahlreichen Verbesserungsvorschlägen seiner Schrift soll in diesem Rahmen nur seine nachdrückliche Empfehlung von Hausversammlungen hervorgehoben werden. Spener selbst hatte in seinem Pfarrhaus mit besonderen erbaulichen Zusammenkünften begonnen. Nun empfahl er in seinem Reformprogramm Hauskreise, die dazu dienen sollten, Gottes Wort intensiv zu besprechen, einander geistlich zu stärken und zum Dienst zuzurüsten. Auf dieser Basis konnte man zudem aufeinander achten, Vertrauen aufbauen, sich gegenseitig ermahnen und Rechenschaft geben.

Der deutsche Pietismus durchlief verschiedene Entwicklungsstufen. Leitfiguren der Frühzeit waren von Spener abgesehen A. H. Francke (Halle), N. L. von Zinzendorf (Herrnhut) und J. A. Bengel (Württemberg).

Die Herrnhuter

Unter den rund 300 Einwohnern des in der Oberlausitz gelegenen Herrnhut kam es am 13. August 1727 zu einer Ausgießung des Heiligen Geistes. Leiter der Kommunität in dieser Zeit war Graf NIKOLAUS LUDWIG VON ZINZENDORF (1700-1760).

Vier Tage nach dem Erweckungsereignis führte er das ‚Stundengebet' ein; diese Gebetskette sollte nicht weniger als 100 Jahre Bestand haben.

Außerdem begannen die Brüder bald einen Reisedienst, um anderenorts vom wunderbaren Handeln Gottes in ihrer Mitte zu berichten. Das gemeinsame Leben und Dienen vor Ort war durch eine Vielfalt von Versammlungen und Kleingruppen geordnet. Gab es im Folgejahr 22 seelsorgerlich ausgerichtete Zellen, waren es 1732 bereits 77.

Im selben Jahr machten sich auch die beiden ersten Missionare auf den Weg nach St. Thomas. Die Herrnhuter entwickelten sich zur mächtigsten pioniermissionarischen Kraftquelle des 18. Jahrhunderts. Bis zum Tode des Grafen wurden innerhalb nur einer Generation nicht weniger als 226 Geschwister bis an die Enden der Erde ausgesandt – mehr als durch den gesamten Protestantismus in 200 Jahren zuvor! Das Geheimnis des ‚Zeugengeistes' seiner Mitarbeiter erklärte Zinzendorf so: „Es gehört etwas dazu, eine gewisse Inspiration und Hingerissenheit von oben".[5]

Die Methodisten

Während ihres Studiums in Oxford setzten sich JOHN WESLEY (1703-1791) und sein Bruder CHARLES (1708-1788) mit einer Gruppe junger Männer zum Ziel, sich intensiv heiligem Leben und christlichem Dienst zu widmen. So studierten sie allabendlich gemeinsam das griechische Neue Testament, fasteten zweimal pro Woche, besuchten später Gefangene und Kranke. Insbesondere machten sie strikte Inventur ihres gesamten Lebensstils.

Infolge ihres so offensichtlich methodischen Ansatzes für ihre Glaubenspraxis gab man ihnen zunächst den Spitznamen „Heiliger Klub“ und später „Methodisten“.

Diese Gruppe war die geistliche Wiege für den gewaltigen Aufbruch, welchen Gott in der Folgezeit durch John Wesley und seine Mitarbeiter bewirkte – rund 25% der britischen Bevölkerung fanden zu Gott, nicht zuletzt durch Johns unermüdlichen Verkündigungseinsatz (er hielt über 40.000 Predigten) auch unter freiem Himmel. Als weitsichtiger und verantwortungsbewusster Hirte erkannte er die Notwendigkeit und betrieb die Praxis, Zehntausende von Bekehrten in einem abgestuften System verschiedener Gruppierungen zu geistlichem Wachstum zu organisieren (Gesellschaften, Klassen, Scharen, etc.).

Die Methodistische Erweckung änderte den Verlauf der Geschichte Englands und schuf ein bis in die Gegenwart zunehmendes geistliches Erbe rund um die Welt.

Neben dem Nutzen, welchen die Angehörigen solcher Bewegungen aus Gemeinschaft und Austausch miteinander zogen, sind noch zwei weitere Wachstumsfaktoren für „die Stillen im Lande“ zu berücksichtigen.

Einerseits übten jahrhundertelang auf Gottes Wort gegründete *Erbauungsschriften* eine bedeutende Wirkung aus. Stellvertretend sei hingewiesen auf: Thomas à Kempis „Von der Nachfolge Christi“, Johann Arnd „Vom wahren Christentum“, Gerhard Tersteegen „Tägliche Brosamen“ und Johannes Evangelista Gossner

„Schatzkästlein". In diesem Zusammenhang nicht zu vergessen sind auch die „Herrnhuter Losungen", die ab 1731 regelmäßig erschienen und seither zahllosen Gläubigen Orientierung und Stärkung in ihrem Alltag gebracht haben.

Andererseits muss unbedingt das reiche christliche *Liedgut* erwähnt werden. Wie England in Isaac Watts und Charles Wesley namhafte ‚Sänger biblischer Wahrheit' besitzt, so haben auf deutscher Seite hervorragende Liederdichter wie Paul Gerhardt, Gerhard Tersteegen und Christian Fürchtegott Gellert Generationen von Christen unterwiesen und aufgerichtet.

Zu den genannten Bewegungen könnte man u.a. die iro-schottischen Mönche, Böhmischen Brüder, Mennoniten, Hugenotten und Quäker hinzufügen.

„Stille im Lande" – die sich für ihre *persönliche Nachfolge* an Leben und Lehre Christi, für ihre *gemeindliche Praxis* am Vorbild der Urchristen orientierten – traten in vielen Schattierungen auf. Zwar änderte sich ihr Name, nicht aber ihr Charakter, weder ihre ernste Hingabe noch ihre geistliche Strahlkraft.

Immer wieder wurden sie verachtet und verspottet, war doch ihre biblisch fundierte, gottesfürchtige Lebensart eine ständige Anfrage an ihr unmoralisches, gottloses Umfeld. Als Fackelträger und Brandstifter von Gottes Sache bleibt ihr beispielhaftes Lebenszeugnis auch für uns noch inspirierend und herausfordernd.

IN DER GEGENWART

Wie viel Grund, dankbar und ermutigt zu sein, haben wir dadurch, dass es auch in unseren Tagen noch „die Stillen im Lande“ gibt!

Mehr als 50 Jahre als Christ unterwegs, habe ich immer wieder vortreffliche Vertreter der „Stillen im Lande“ kennengelernt, nicht allein in Deutschland und der Schweiz, sondern durch meine Reisetätigkeit auch in anderen Teilen Europas, Nord- und Südamerika sowie Asien. Was zeichnet diese Gruppe speziell aus?

Sie leben unauffällig. Sie drängen sich nicht in den Vordergrund – leben eher zurückgezogen – dienen lieber im Verborgenen – treffen sich gerne in Privathäusern – schätzen, suchen und pflegen die Gemeinschaft mit Gleichgesinnten – legen Wert auf gegenseitige Erbauung.

Sie leben ernsthaft. Sie leben ehrfürchtig vor Gott – betonen Schriftstudium und Gebet – kennen Gott und Seine Wege – gehorchen Ihm radikal – leben mit geistlichem Eifer – hungern nach noch mehr Erkenntnis, Wachstum, Vollmacht, Frucht, Jesus-Ähnlichkeit.

Sie leben wirkungsvoll. Sie investieren mehr für ihre persönliche Frömmigkeit als sichtbares Engagement – sind darauf aus, ein Segen für andere zu sein – setzen auf die stille Kraft eines geheiligten Lebens – lassen sich vom Heiligen Geist leiten – trachten mehr nach Einfluss als nach einer Position – säen vor allem durch ihr Vorbild und ihre Gebete.

Doch fand ich im Laufe der Jahre heraus, so wenig wie jeder Israelit ein Kaleb und jeder Galiläer ein Nathanael war, so wenig sind alle Christen reife und stabile, weise und siegreiche Nachfolger Jesu. Tatsächlich sind allzu viele von ihnen nicht bei bester geistlicher Gesundheit.

Lukas 24, 13-35 skizziert einen entscheidenden Wendepunkt im Leben der EMMAUSJÜNGER. Offensichtlich gehörten Kleopas und sein Gefährte nicht zum inneren Kern der Zwölf, doch ist durchaus vorstellbar, dass sie Teil des erweiterten Kreises der Siebzig waren. An diesen beiden fällt dreierlei ins Auge.

Sie befanden sich in geistlicher Not. Die Ereignisse der letzten Tage hatten sie verwundert und bestürzt, enttäuscht und traurig gemacht. Zudem waren sie verunsichert, hatte doch das gerade Erlebte ihre theologische Auffassung und ihren Glauben ins Wanken gebracht.

Sie waren hungrig nach Gemeinschaft und Erkenntnis. Sie schätzten es, als der Herr Jesus zu ihnen stieß und ihnen über dem gemeinsamen Wandern das Schriftverständnis für das Leiden des Messias erschloss.

Sie erlebten eine innere Erneuerung. Hatten sie zunächst den Auferstandenen nicht erkannt, so wurden ihnen während der gemeinsamen Mahlzeit in Emmaus die Augen geöffnet. Die Begegnung mit dem lebendigen Herrn bewirkte in ihnen ein brennendes Herz, eine tiefgreifende Wandlung, eine geistliche Neubelebung.

Eindrucksvoll an Jesu Handlungsweise ist – Er ergriff die Initiative: Er gesellte sich zu ihnen, begleitete sie, eröffnete das Gespräch, ging auf sie ein, stellte Fragen, erklärte; Er brachte ihnen Licht der Erkenntnis und entzündete das Feuer ihres Eifers. Ihm war weder die Zuhörerschaft von nur zwei Personen zu klein, noch war Er in Eile.

Offenbar erfreuten sich die beiden Emmausjünger nicht bester geistlicher Gesundheit. Ähnliches gilt für zahlreiche Christen unserer Tage weltweit, die ebenfalls enttäuscht und traurig, fragend und suchend, orientierungslos und verunsichert sind. Wenn ich soeben von vortrefflichen Vertretern der „Stillen im Lande" sprach, liefert die Realität den Nachweis, dass solche nur eine Minderheit darstellen.

Zum einen ist der Feind eingedrungen, wie eine Flut (vgl. Jes 59, 19 NKJB), nachdem ein Staudamm nach dem anderen eingebrochen ist: schwindende Gottesfurcht, moralische Korrosion der Gesellschaft, Zerfall der Familieneinheit, medialer Sog, Vergnügungssucht u.a.m.

Zum anderen sind viele Gläubige infolge unzureichender Verkündigung einerseits sowie mangelnder Begleitung und Schulung in Jüngerschaft andererseits geistlich unterernährt und dementsprechend unterentwickelt. Neben der Unmündigkeit, welche Hebräer 5, 12-14 anspricht, findet sich oftmals eine Unsicherheit, die sich in Zweifeln an Aussagen der Bibel äußert, in Schwachheit im Glauben, Kraftlosigkeit im Gebet, Unvermögen des Erkennens von Gottes Willen, Verwundbarkeit gegenüber Versuchungen und geistlichen Angriffen.

Falls ein Kind über einen längeren Zeitraum nicht wächst, versetzt das seine Familie in Sorge, ja Alarmbereitschaft. Sollte nicht der Mangel an erkennbarem geistlichem Wachstum im Leben allzu vieler Christen ähnlich alarmieren? Wie sehr muss eine Einschätzung wie diese zu denken geben: „Wie viele Christen gibt es, die über zwanzig Jahre nie gewachsen sind. Sie sind nicht liebevoller, nicht ernsthafter, nicht hingegebener; sie haben nicht mehr Selbstbeherrschung; sie haben nicht mehr Einfluss auf die Welt, nicht mehr Kraft bei Gott als vor zwanzig Jahren."[6]

NORTHCOTE DECK (1875-1957), seinerzeit Missionsarzt auf den Solomon-Inseln, verdanken wir die einsichtsvolle Erklärung, wahres Christentum besteht nicht lediglich in einem Bekenntnis, sondern in einem „Leben, das es täglich in Christus durch die Kraft des Heiligen Geistes auszuleben gilt."[7]

Die Diskrepanz zwischen dem, was den Gläubigen in Christus verfügbar ist und dem, was sie tatsächlich ausleben, hat namhafte Christen immer wieder beschäftigt. PHILIP DODDRIDGE (1702-1751), ein englischer nonkonformistischer Pastor, beobachtete: „... viele gute Menschen sind nur Schatten dessen, was sie (durch den Segen Gottes) sein könnten ...".[8] Der China-Missionar JONATHAN GOFORTH (1859-1936) war überzeugt, „die Mehrheit der Christen lebt auf einer Ebene weit unter dem, was unser Meister für sie plante."[9] Und GERHARD TERSTEEGEN beklagte: „Ach wie wenig wird es erkannt, wie wenig geglaubt und noch weniger erfahren, was für heilige und große Absichten Gott mit uns armen Menschen hat“ und kam zu dem ernüchternden Schluss: „O wie so wenige lassen noch das Leben Jesu in seiner rechten Kraft an sich sehen; wie manche führen ein so laues, träges und totes Christentum!“[10]

Bereits 1605 erschien der erste Band von JOHANN ARNDS (1555-1621) Erbauungsklassiker „Vom wahren Christentum“. In einer späteren erweiterten Ausgabe stieß ich auf die vielsagende Aussage: „Christus hat viele Diener aber wenig Nachfolger.“[11] Die Herausforderung, welche der Herr im Missionsbefehl den elf Aposteln mit auf den Weg gab, – alle Volksgruppen zu *Jüngern* (nicht nur Bekehrten) zu machen –, steht nach wie vor unmissverständlich vor uns.

Wer sich heutzutage als ernsthafter Nachfolger Jesu versteht, für den gilt gleichermaßen und unvermindert die Verpflichtung, entsprechend Lehre und Vorbild Christi zu denken und zu handeln. Die zentrale Absicht, dass Seine Jünger von Ihm lernen sollten, verknüpfte Er in Lukas 6, 40 mit dem Endziel: „Jeder aber wird, wenn er ausgebildet ist, sein wie sein Herr“. Wohlgemerkt, hier geht es um ‚aus-bilden‘, d.h. *gründlich* unterweisen, *zureichend* schulen.

Denjenigen, die uns als bedürftige Jünger zugeführt werden, schulden wir „den ganzen Ratschluss Gottes“ (Apg 20, 27), inklusive vernachlässigter Themen (wie Gottesfurcht, Heiligkeit, Wandel mit Gott) und unpopulärer Aspekte (z.B. Buße, Selbstverleugnung, Gericht). Auf diesem Hintergrund ist die uralte Frage, ob wir unseres Bruders Hüter sein sollen (vgl. 1 Mo 4, 9) mit „Ja, in der Tat" zu beantworten. *Unser Auftrag und Vorrecht ist es, mit Gottes Hilfe aus jedem, den Er uns anvertraut, das Beste zu machen.* Dazu gehört auch – wie aus 2. Timotheus 2, 2 hervorgeht – den Jünger dahingehend anzuleiten, sich seinerseits in anderen zu reproduzieren und multiplizieren.

Im Blick auf die gegenwärtige Praxis biblisch orientierter Jünger-Schulung liegt *die Not der Stunde* darin, aktuelle und potenzielle „Stille im Lande", reife und bedürftige Christen, gezielt miteinander zu verbinden. Auf diese Weise können die vorhandenen Mängel behoben werden durch adäquate Zuwendung, Begleitung und Förderung durch diejenigen, die bereits tiefer in Christus verwurzelt sind. Auf dem Weg dahin muss allerdings zuerst eine wesentliche Voraussetzung erfüllt sein: **den Wert des Einzelnen** derart hoch zu veranschlagen, dass man bereit ist, ihm eifrig nachzugehen und sich aufopfernd um ihn zu kümmern.

Genau das lebte der Herr Jesus vor. Ihm waren zwei Zuhörer nicht zu wenig. Ja, Er fuhr über den See Genezareth, um einen Gerasener befreit zu sehen, und suchte den Kranken von Bethesda später im Tempel auf, um ihn zu warnen, noch wichtiger als seine Heilung sei seine Heiligung.

Als Aquila und Priscilla merkten, Apollos musste „den Weg Gottes noch genauer" erfassen (vgl. Apg 18, 26), nahmen sie ihn beiseite und verhalfen ihm zu dieser Erkenntnis. Zweimal, erst in England und später in Norwegen, habe ich ein Seminar für nur eine Person abgehalten. Glauben wir wirklich, dass die ganze Welt den Wert einer Seele nicht aufwiegt (vgl. Mt 16, 26) und handeln dementsprechend?

Gottes Reich breitet sich weniger aufgrund von Quantität als von Qualität aus. Für Seine Sache ist ein tiefgegründeter Jünger wertvoller als einhundert oberflächliche Namenschristen. Dieser Blickwinkel macht verständlich, warum Gott mit uns oft lange, manchmal erstaunliche und nicht selten schwierige Wege geht, um in uns größeren geistlichen Tiefgang zu schaffen. Ein Segelboot kentert, wenn es nicht mehr Gewicht unter als über der Wasserlinie hat. Ebenso läuft jeder Christ Gefahr, geistlich Schiffbruch zu erleiden, der nicht genügend ‚innere Schwere' besitzt (u.a. Gottesfurcht, Glaubensstärke, Gebetskraft, Weisheit). Außerdem wird er kaum solchen Menschen helfen können, die sich mit tiefen Nöten an ihn wenden.
Unsere geistliche Kapazität kann und soll sich unter dem Einfluss des innewohnenden Heiligen Geistes lebenslang erweitern. Dabei fordert uns das bleibende Ziel zunehmender Jesus-Ähnlichkeit zu stets neuen Wachstumsschritten heraus – *je mehr Ähnlichkeit desto mehr Brauchbarkeit* dafür, als „Stille im Lande" für Gott zu leuchten.

Damit das Lebenszeugnis heutiger Jünger Glanz und Glut urchristlicher Qualität zurückgewinnt, müssen wir – wie die Gläubigen damals – als das Licht der Welt Jesus ähnlich strahlen. Das kann geschehen, wenn wir die alten Brunnen biblischer Wahrheit und kirchengeschichtlicher Belege wieder öffnen (vgl. 1 Mo 26, 18) und dem Heiligen Geist erlauben, ein neubelebendes Werk an unseren Herzen zu tun.

DER GEWIESENE WEG

Zuerst das Herz

Ein ermutigendes Zeichen unserer Zeit ist das tiefe Sehnen ernsthafter Christen vielerorts nach einem geistlichen Erwachen.

Aus reicher Erfahrung appellierte der vollmächtige amerikanische Erweckungsprediger CHARLES G. FINNEY (1792-1875): „Christen müssen es zunächst als eine individuelle Angelegenheit betrachten, persönlich erweckt zu werden; denn eine Erweckung kann es nur in dem Umfang geben, wie sie zu einem persönlichen Anliegen gemacht wird, indem jeder eine Erweckung in seiner eigenen Seele sicherstellt.“[12] Sein Zeitgenosse AUGUST G. THOLUCK (1799-1877), Theologieprofessor, Prediger und Seelsorger in Halle, gab zu bedenken, es sei „unmöglich, dass eine Kirchenreformation wächst und Bestand hat, bei der nicht der ernste Wille der einzelnen da ist, die Reformation im Kleinen anzufangen, am eigenen Herzen und Haus.“[13]

Solange Gläubige darauf hoffen, dass zunächst ‚bedürftigere‘ Geschwister geistlich neubelebt und sie selbst dann mitgesegnet werden, verwundert es nicht, wenn Erweckung ausbleibt. Ein solcher Aufbruch kann nur da geschehen, wo Christen bereit sind, mit sich zu beginnen, bei sich selbst gründlich geistlichen Hausputz zu machen. *Der beste Ort, persönliche Erweckung zu erleben, ist das eigene Herz.*

Nachdrücklich stellt Sprüche 4, 23 die Priorität und Zentralität des Herzens heraus: „Mehr als auf alles gib acht auf dein Herz, denn aus ihm strömt das Leben". Wir sind aufgefordert, unser Herz zu beobachten, zu bewachen und zu beschützen, weil es Ausgangspunkt und Quelle unserer Existenz ist. Im biblischen Kontext gilt das Herz als Sitz von Verstand, Willen, Gewissen und Gefühlen; es gleicht einer geistlichen, moralischen und emotionalen Schaltzentrale; es steht für die Seele, den inneren Menschen.

Dementsprechend wird das Herz zu einer Reihe wichtiger Grundentscheidungen in Beziehung gesetzt. So lautet das höchste Gebot: „... du sollst den HERRN, deinen Gott, lieben, von ganzem Herzen, von ganzer Seele und mit deiner ganzen Kraft" (5 Mo 6, 5; vgl. Mt 22, 36-38). Hinsichtlich der wesentlichen Grundhaltung der Ehrfurcht Ihm gegenüber ist Gottes Anliegen: „O dass ihr Herz so wäre, dass sie allezeit mich fürchten und meine Gebote halten wollten, damit es ihnen wohl erginge und ihren Kindern ewiglich!" (5 Mo 5, 29 ZB 1955). Wahrer Glaube bedarf der korrekten Ausrichtung: „Vertraue auf den HERRN mit deinem ganzen Herzen, und verlass dich nicht auf deinen eigenen Verstand" (Spr 3, 5). Angesichts dieser zentralen Stellung des Herzens erscheint die göttliche Forderung „... gib mir dein Herz ..." (Spr 23, 26) vollauf verständlich.

Jesus Christus ging es bei der Ausbildung Seiner Jünger in erster Linie um die Formierung ihres Charakters durch ‚**Herzensschulung**'. Die Evangelien erwähnen die positiven Qualitäten eines guten, reinen, vergebenden, sanftmütigen, demütigen und freudigen Herzens ebenso wie die problematischen bzw. gefährlichen Aspekte eines trägen, beschwerten, zweifelnden, furchtsamen, verhärteten und bösen Herzens. Gerade in dem außerordentlich aufschlussreichen Gleichnis vom Säemann wies der Herr auf vier unterschiedliche Herzenszustände bzw. Aufnahmekapazitäten für Gottes Wort hin: das unverständige, das unstete, das unruhige und das vortreffliche Herz, welches viel Frucht bringt.

Gottes Angebot der Zusammenarbeit für den Ausbau Seines Reiches zielt auf Personen mit einer Ihm wohlgefälligen Herzensverfassung.

Um für Seine Absichten brauchbar zu sein, bedurften manche biblischen Gestalten gewisser Anpassungen, z.B. Joseph, Kaleb und Daniel. Andere hingegen benötigten tiefgreifende Charakter-Transformationen; besonders beeindruckend erscheint die einschneidende Wandlung JAKOBS von Bethel nach Pniel: die Wende von Kampf zu Kapitulation – Ungebundenheit zu Abhängigkeit – Selbstinteresse zu Einfluss bei Gott – dem Verlangen, gesegnet zu werden, zu dem Anliegen, andere zu segnen (vgl. 1 Mo 28, 10-22; 32, 24-30). Ähnlich durchschlagende Veränderungen erlebten Mose in Midian, Simon Petrus nach seiner Verleugnung Jesu und Paulus vor Damaskus.

Tatsächlich hat im Zeitalter des Heiligen Geistes jeder eine Art ‚drastischer Damaskus-Erfahrung' nötig.

Denn in seinem natürlichen Zustand ist das menschliche Herz überaus trügerisch und bösartig (Jer 17, 9 SLT); daher vollzieht Gott durch die Wiedergeburt eine Neuschöpfung in Christus (2 Kor 5, 17). In der Folge gilt es – durch den Glauben – in Ihm zu leben und aufgebaut zu werden (vgl. Kol 2, 6.7), uns durch göttliche Gnade dazu erziehen zu lassen, geheiligt, besonnen, rechtschaffen und fromm zu leben (Tit 2, 11.12). Der Aufforderung, unsere Herzen zu stärken (Jak 5,8) können wir entsprechen, wenn wir unser Herz festigen lassen (Hebr 13, 9), indem wir uns die in Jesus Christus angebotene Gnade glaubend aneignen (vgl. Gal 2, 20). Hilfreich hierzu ist die wachsende Erkenntnis und Zuversicht, *wer Christus in uns ist und wer wir in Christus sind.*

Gott folgt unserem inneren Werdegang mit allerhöchstem Interesse. Ja, „der HERR denkt an mich …" (Ps 40, 17 KJV), - was vom Hebräischen her auch als ‚berücksichtigt mich, hat acht auf mich, schätzt mich, plant für mich' verstanden werden kann. Er formt die Herzen der Menschen individuell (Ps 33, 15 NKJV), verfolgt mit jedem von uns ein persönlich zugeschnittenes Programm auf das Ziel hin, dass wir zu Seiner Verherrlichung leben (vgl. Jes 43, 21 SLT; Ps 102, 19; 1 Kor 10, 31).

Einer, der genau das mit edlem Herzen tat, war BARNABAS. Dieser zypriotische Levit besaß einen ausgezeichneten Charakter, war erfüllt von Heiligem

Geist und Glauben (Apg 11, 24), liebte Gott, war hingegeben, demütig, selbstlos, opferbereit und großzügig. Prophetisch sowie als Lehrer und Mentor begabt, diente er seinen Glaubensgeschwistern auf so außerordentliche Weise, dass sie ihm – der ja eigentlich Joseph hieß – den Beinamen „Barnabas“ (Sohn der Ermutigung) gaben.

Welches augenfällige Charaktermerkmal würde man wohl bei uns am ehesten mit einem Beinamen versehen? Diese Überlegung kann Auslöser für **eine innere Standortbestimmung** sein, bei der wir uns zunächst den drei Grundfragen stellen, ob wir wirklich mit Gott wandeln, Jesus Christus radikal nachfolgen und mit dem Heiligen Geist erfüllt leben. Für eine darüber hinaus und tiefer gehende Herzenserforschung bietet der folgende Denkanstoß des beliebten englischen Erbauungsschriftstellers JAMES R. MILLER (1840-1912) wertvolle Anhaltspunkte:

„Stehen nicht viele von uns in dem Bewusstsein, dass wir weit unter unseren Privilegien leben? Verstehen wir nicht, dass wir nicht so gute Christen, so reich an Charakter, so fruchtbringend im Leben sind, wie wir es sein könnten? Wissen wir nicht, dass eine mögliche Fülle geistlichen Segens existiert, die wir noch nicht erlangt haben? Warum ist das so? Besteht irgendein Mangel in Gott, von dem alle guten Gaben kommen? Liegt nicht der Grund in uns selbst? Besteht nicht die Ursache darin, dass wir an anderen Dingen hängen, irdischen Dingen, die unsere Herzen ausfüllen und nur wenig Raum für Christus lassen?

Wir hungern nicht nach Rechtschaffenheit, nach Heiligkeit, und obwohl Versorgung im Überfluss direkt vor uns ist, verhungern doch unsere Seelen. Wollen wir das Leben in Fülle, das Christus uns geben will, müssen wir unsere Herzen entleeren von den vergänglichen Kleinigkeiten, die sie füllen, und Raum für den Heiligen Geist schaffen. Wir müssen für geistlichen Hunger beten; denn nur denen, die hungrig sind, wird die Verheißung zuteil, dass sie gesättigt und zufriedengestellt werden."[14]

Während viele Menschen unserer Tage sehr auf ihre *körperliche* Fitness bedacht sind, laufen zahlreiche Christen Gefahr, ihre *geistliche* Fitness – insbesondere ihre Herzensgesundheit – zu vernachlässigen. Wer das zulässt, schadet nicht nur seinem eigenen Wohl, sondern schränkt damit auch seinen Segensradius für andere ein. Stattdessen sollte uns allen stetiges inneres Wachstum eine lebenslange Priorität sein. Aus gutem Grund gab JOHANN CASPAR LAVATER (1741-1801) – reformierter Pfarrer in Zürich, der mit vielen „Stillen im Lande" seiner Zeit in Verbindung stand – einem Amtsbruder den weitsichtigen Rat: „... du arbeitest an Tausenden, wenn du immer zuerst und zuletzt an dir selbst arbeitest."[15]

Welche Defizite auch immer uns bewusst werden mögen, wir sollten uns die Einstellung GERHARD TERSTEEGENS zu eigen machen: „Was wir noch nicht sind, das wollen wir durch Gott noch werden“[16].

TERSTEEGEN war ein ‚Barnabas‘ neuerer Zeit. Er diente seinen vielen Freunden auf mannigfache Weise: durch sein erweckliches Predigen (zu den Hausversammlungen in Mülheim strömten bis zu 500 Besucher!) – durch seinen Reisedienst (u.a. ins Bergische Land, an den Niederrhein, nach Holland) – durch die von ihm verfassten Erbauungsschriften und gedichteten Lieder – sowie durch Hunderte von zumeist seelsorgerlichen Briefen, durch die er seinem Freundeskreis Rat und Ermutigung vermittelte.

Als ausgesprochener ‚Herzens-Kenner‘ zeigte er auf: „… ich fürchte, dass mancher Gott und sich selber so unbekannt ist, dass er wegen solcher Leichtsinnigkeit besser weiß, was hundert andere machen, als was in seinem eigenen Herzen vorgeht und von Gott darin gewirkt wird.“

„Gott und dessen Gegenwart soll die Haupt-Beschäftigung eures Herzens sein …“

„… Er ist mächtig genug, ein Herz zu schützen, das Ihm zum Eigentum ergeben ist.“

„Die Gnade allein macht das Herz fest und die Salbung weise …“

„… wie leicht kann das Unkraut, das wir meinen ausgejätet zu haben, wieder ausschlagen und aufwachsen, weil es gar tiefe Wurzeln in unserm verderbten Herzen gewonnen hat! Darum lasst uns wachen und beten; wachen über unser Herz, wachen über unsre Sinne, wachen über unsre Gedanken, über unsre Worte, über unsre Werke ..."

„Hier sind wir, o Herr! Unsere Augen sehen auf dich; und hier ist unser Herz, wie es ist! Hier ist unser Wollen, das von dir ist, mache es zum Vollbringen, damit wir Menschen werden nach deinem Herzen ..."[17]

GERHARD TERSTEEGEN erklärte voller Zuversicht: „Gott will uns die Erweckung, welche uns nötig ist, geben."[18] Ist das auch unsere ehrliche und feste Überzeugung? Wo sind die gottesfürchtigen und demütigen, bußbereiten und glaubenden Herzen, denen Gott Seinen gnädigen Erweckungssegen anvertrauen kann?

Danach das Haus

Unseren Überlegungen ist an dieser Stelle förderlich, sich THOLUCKS Grundsatz in Erinnerung zu rufen, eine Kirchenreformation könne nur dann wachsen und bestehen, wenn „der ernste Wille der einzelnen da ist, die Reformation im Kleinen anzufangen, am eigenen Herzen und Haus." Ein wahres geistliches Erwachen schreitet voran vom Kleinen zum Großen, von innen nach außen, vom Herzen zum Haus.

Abraham wurde angewiesen, er solle ‚sein Haus' auf Gottes Weg halten, damit das eintreffen könne, was Er ihm verheißen hatte (1 Mo 18, 19; vgl. 5 Mo 12, 28). Josua legte mit aller Entschiedenheit für sich und seine Familie fest: „... Ich aber und mein Haus, wir werden dem HERRN dienen" (Jos 24, 15). Der Herr Jesus versicherte Zachäus, sobald dieser eine innere Umkehr vollzogen hatte: „... Heute ist diesem Haus Heil widerfahren ..." (Lk 19,9). In den Tagen der Urgemeinde schien es geradezu die Regel zu sein, dass sich ‚das ganze Haus' Gott zuwandte und taufen ließ (vgl. Apg 18, 8; 16, 14.15; 16, 31-34).

Die Familie als von Gott eingesetzte Institution stellt die kleinste Lebenszelle Seines Reiches dar. Sie bildet die natürlichste Umgebung für geistliches Wachstum, die Plattform für vielfältigen zwischenmenschlichen Austausch und göttlichen Segen. Epheser 5, 21 - 6,4 liefert uns die biblischen Leitlinien für harmonisches Familienleben in einer Atmosphäre der Ehrfurcht.

Einer, dem in dieser Hinsicht ein hervorragendes Zeugnis ausgestellt wurde, war der römische Hauptmann KORNELIUS, belegt doch Apostelgeschichte 10, 2, er war „fromm und gottesfürchtig samt seinem ganzen Haus …".

Offenbar zeichnete ihn ein vortrefflicher Charakter aus: tiefe Frömmigkeit, geistlicher Eifer, Treue im Gebet, als Besatzungsoffizier dennoch bei allen Einheimischen gut angesehen, in besonderer Gunst bei Gott. Der traditionellen Wortbedeutung entsprechend befehligte ein ‚Zenturio' eine Hundertschaft innerhalb einer römischen Legion; doch Kornelius war weder positionsverliebt noch autoritär, sondern demütig, mit einem Herzen für Menschen. So gab er nicht nur aus Barmherzigkeit viele Almosen, ihm war auch das geistliche Wohlergehen seiner Verwandten und Freunde ein vorrangiges Anliegen.

Kornelius war ein „Mann des Friedens" (Ps 37, 37 ZB 1955). Die Bibel macht uns auf eine Reihe von **Menschen des Friedens** aufmerksam: z.B. Melchisedek, Boas, Jonathan und Barsillai im Alten Testament sowie Barnabas, Lydia, Aquila & Priscilla und Philippus im Neuen. Bezeichnend erscheint, dass der Herr den 70 Jüngern bei ihrer Aussendung die Anweisung mit auf den Weg gab, sie sollten nach einem „Sohn des Friedens" Ausschau halten und bei ihm Unterkunft nehmen (vgl. Lk 10, 6.7).

Ich bin im Laufe der Jahre in Deutschland, Südafrika, Lesotho, England, Norwegen, Spanien und der

Schweiz immer wieder vortrefflichen ‚Menschen des Friedens' begegnet und habe ihre Gastfreundschaft wie auch praktische Unterstützung genossen. Mit großer Dankbarkeit erkenne ich und möchte ich anerkennen: Zahlreiche Fortentwicklungen meines internationalen Dienstes waren allein möglich durch das Privileg, mit so großartigen ‚Menschen des Friedens' zusammenarbeiten zu dürfen.

Der Hauptmann öffnete Herz und Haus für Gemeinschaft und Dienst an Personen, die ihm aus verschiedenen Beweggründen nahestanden und geistlichen Hunger bzw. Bedarf hatten. Somit wurde er zum Katalysator dafür, dass der Heilige Geist durch Simon Petrus' Verkündigung Menschen erretten und bevollmächtigen konnte, dass er und sein Haus ein eigenes Pfingsten erlebten. Sind diejenigen, die uns nahestehen – unsere Familie, Verwandten und Freunde – die ersten Nutznießer unseres persönlichen Eifers für Gott?

‚Menschen des Friedens' hat Gott „das Herz gerührt" (1 Sam 10, 26), sie bringen die Motivation mit, andere segnen zu wollen (vgl. Jakobs Wende). Kornelius aktivierte sein Beziehungsnetzwerk und machte sein Haus zu einem **Stützpunkt des Segens**. Seine Frömmigkeit, Fürbitte, Demut, Menschenliebe – kurzum, seine geistliche Ausstrahlung – schufen im Wesentlichen die Voraussetzung dafür, dass die Versammelten einen ‚offenen Himmel' erlebten und Gott ihnen machtvoll begegnete.

Seit langem schon beeindruckt mich ein „Stiller im Lande“ mit mächtiger Strahlkraft - Baron HANS ERNST VON KOTTWITZ (1757-1843), Zentralfigur der damaligen Berliner Erweckungsbewegung. Dem schlesischen Adel entstammend, wurde sein innerer Werdegang nachhaltig durch die Herrnhuter beeinflusst. In einer ehemaligen Kaserne errichtete er eine Beschäftigungsanstalt mit 600 Plätzen für Bedürftige. Als Wohltäter erreichte er zahlreiche soziale Randsiedler, überdies gingen viele suchende Christen aller Gesellschaftsschichten bei ihm ein und aus. Sie empfingen von ihm als Seelsorger Verständnis und Rat, gleichzeitig fanden sie in ihm als tief geistlicher Vatergestalt ein prägendes Vorbild. Somit wurde auch sein Haus zu einem ‚Stützpunkt des Segens‘, im Besonderen eine Art geistlicher Kaderschmiede, aus der viele Zeugen Christi hervorgingen, die aus Schlüsselpositionen in Kirche, Universität, Politik, Militär, Verwaltung, Schulwesen und Innerer Mission heraus segensreichen Einfluss verbreiteten.

Die Vorstellung, dass es nicht nur möglich, sondern erstrebenswert ist, ein Haus als ‚Stützpunkt des Segens‘ zu nutzen, erweitert den Blick in Richtung auf *Hausversammlungen* und gezielte Hauskreisarbeit. Wie wir uns erinnern können, spielten Kleingruppen bereits bei den Waldensern, im Puritanismus und Pietismus, für die Herrnhuter und vornehmlich bei den Methodisten eine beachtenswerte Rolle. Tatsache ist: „Im Grunde

war jede größere geistliche Erneuerungsbewegung innerhalb der christlichen Kirche begleitet von einer Rückkehr zur Kleingruppe und der Vermehrung solcher Gruppen in Privathäusern für Bibelstudium, Gebet und Besprechung des Glaubens."[19]
Hauskreise schaffen die Plattform für effektives geistliches Wachstum durch die Fokussierung aller auf die Aussagen des Wortes Gottes, offenen Austausch mit Gleichgesinnten, vereintes Gebet sowie wechselseitiges Ermutigen und Ermahnen. Den eigentlichen Kristallisationspunkt bildet *das gemeinsame zentrale Anliegen, einander zu erbauen.*

Die neutestamentlichen Koordinaten dafür, sich im Rahmen einer Hausgruppe miteinander und füreinander zu engagieren, fand ich durch 30 Schriftstellen abgesteckt, die alle verschiedene *Aspekte des einander Dienens* ansprechen. Hierbei geht es u.a. darum, einander zu lieben, anzunehmen und vergeben – sich freundlich zu begegnen - den anderen zu ehren – sich um ihn zu kümmern und seine Lasten zu tragen – füreinander zu beten – sich gegenseitig zu unterweisen – gastlich zu sein – andere nicht zu beneiden, zu provozieren oder gar zu richten - sowie einander anzuspornen, zu ermuntern und aufzubauen.

Wünschenswert ist, dass die Glieder des Leibes Jesu in einer Atmosphäre allseitigen Wohlwollens einander orientieren, stärken, schärfen, Rechenschaft geben, korrigieren – kurzum einander darin fördern, die gemeinsame Beauftragung umzusetzen, „Salz der Erde“ und „Licht der Welt“ zu sein (Mt 5, 13.14). Paulus‘ Aufforderung, nach dem zu streben, was der Erbauung untereinander dienlich ist (vgl. Röm 14, 19), macht deutlich, *es erfordert ernsthaftes und zielgerichtetes Bemühen, gegenseitige geistliche Erbauung zu praktizieren.* Doch darf sich solches Bemühen nicht in bloßer fleischlicher Anstrengung erschöpfen, sondern muss durchgehend unter der Führung, Offenbarung und Bevollmächtigung des Heiligen Geistes stattfinden.

Als der „Geist der Wahrheit“ möchte Er uns „in die ganze Wahrheit leiten“ (Joh 16, 13 ZB 1955; vgl. 1 Kor 2, 10-13). Das besagt nicht weniger, als dass der ‚Flächeninhalt‘ jeglicher Vermittlung biblischer Wahrheit unsererseits – ob in Gemeinde, Haustreffen oder persönlichem Gespräch, ob durch Predigt, Lehre oder Zeugnis – vorgegeben ist durch „den ganzen Ratschluss Gottes“ (Apg 20, 27).

Nun stehen wir in unseren Tagen vor dem traurigen Tatbestand, dass gewisse biblische Kernthemen weitgehend vernachlässigt werden, wie z.B. Gottesfurcht, Heiligkeit, Wandel mit Gott, radikale Jesus-Nachfolge, Wesen und Wirken des Heiligen Geistes. Obendrein bleibt das lange verborgene Geheimnis, das doch nach Kolosser 1, 26 den Heiligen offenbart wurde, vielen Christen weiterhin verschlossen: **Christus in uns**. Da ihnen ein zureichendes Verständnis von Identität, Reichtum und Kraft in Christus zu überwinden fehlt, stehen sie in steter Gefahr, ihr geistliches Leben aus fleischlicher Energie heraus zu führen, – was ähnlich realitätsfremd ist, wie an einer Ruderregatta mit Golfschlägern teilnehmen zu wollen. Dabei stellt doch 2. Korinther 3, 5.6 ausdrücklich fest, dass jede geistliche Kompetenz von Gott kommt.

Wer also Gelegenheit erhält, Gottes Wort auszuteilen, darf sich weder auf seine Spezialgebiete noch Lieblingsthemen beschränken, denn er schuldet den Zuhörern das volle Spektrum dessen, „was für das Leben und die Frömmigkeit nötig ist" (2 Petr 1, 3; vgl. Kol 1, 28.29). Im alltäglichen Kontext würde ja auch niemand erwägen, in der Grundschule das Rechnen oder in der Fahrschule die Kenntnis der Verkehrsregeln auszuklammern …

Von daher gilt festzuhalten: Bei unserer Beschäftigung mit dem Wort Gottes – sei es individuell in der Stille oder gemeinsam in Gemeinde und Hauskreis – sind nicht allein Hören und Lesen, sondern intensives Studieren und häufiges Reflektieren unabdingbar. Auf diesem Hintergrund sollte bedacht werden, inwieweit wir mit dem „ganzen Ratschluss Gottes" vertraut sind, uns selbst ihm stellen und ihn anderen vermitteln.

Bei der Relation von Haus und Gemeinde, Kleingruppe und Gottesdienst, geht es nicht um entweder/ oder sondern ein sowohl/ als auch, nicht um Wettstreit sondern Zusammenspiel, nicht um Ersatz sondern Ergänzung. *Hauskreise eröffnen die Möglichkeit, das*

Gemeindeleben zu stärken und zu vertiefen. Denn in privater Atmosphäre bieten sie einige Vorzüge, wie Vertrautheit miteinander, beobachtbare Vorbilder, anwendungsorientierten Austausch, klärende Rückfragen, Anregung durch Erkenntnisse und Erlebnisse anderer, erhältliche Gebetsunterstützung, eventuelle Korrektur. *Da, wo zum gottesdienstlichen Geschehen hilfreiche Hauskreiserfahrungen hinzukommen, kann das geistliche Wachstum der Einzelnen umso vielseitiger, durchgreifender und zügiger stattfinden.*

Unter JOHN WESLEYS Führung konnte niemand Mitglied einer regionalen methodistischen ‚Gesellschaft' sein, ohne nicht gleichzeitig einer ‚Klasse' anzugehören, in der sich 10 bis 12 Personen wöchentlich trafen, um gemeinschaftlich über ihrer geistlichen Fortentwicklung zu wachen.

Dieses Modell regt zum Nachdenken darüber an, wie ernst jeder von uns darauf bedacht ist, ein geheiligtes Leben mit zunehmender Jesus-Ähnlichkeit zur Ehre Gottes zu führen. Wesley selbst hat – wie es scheint – Deutsch gelernt, um GERHARD TERSTEEGEN lesen zu können…

Dann das Land

Wie schon früher erwähnt, sind uns viele Antworten, die für die Gegenwart und Zukunft benötigt werden, bereits durch Gottes Reden und Handeln in der Vergangenheit gegeben. Zu der Frage, wie das geistliche Wachstum der „Stillen im Lande" vertieft und neubelebt werden kann, liefern die Neuaufbrüche zu Lebzeiten zweier alttestamentlicher Könige untermauernde Einsichten.

HISKIA (ca. 728 - ca. 697) – ein rechtschaffener Mann mit starkem Glauben – veranlasste, dass sich zunächst die Priesterschaft Gott weihte und der Tempel gereinigt wurde, sodann ganz Juda, Ephraim, Manasse und Benjamin von Abgötterei gesäubert wurden (siehe 2 Chr 29, 1-19; 31, 1). JOSIA (ca. 641-609) – der als 16Jähriger den Entschluss gefasst hatte, Gott zu suchen – war die treibende Kraft hinter der Reinigung des Tempels, Jerusalems und Judas, sowie in Ephraim und Manasse, Simeon und Naphtali (siehe 2 Chr 34, 1-8).

Beide Fälle unterstreichen einmal mehr das bereits angeklungene *Grundprinzip jeder umfassenden geistlichen Erneuerung:* Erweckung geschieht gleichsam in konzentrischen Kreisen, vom Persönlichen zum Gemeinschaftlichen, von kleinen Anfängen zu großen Auswirkungen, – eben vom Herzen ins Land.

Aus Jeremia 22, 29 schlägt uns der Weckruf entgegen: „O Land, Land, Land, höre das Wort des HERRN!" (SLT), und welches Land auf Erden könnte es sich leisten, diesen dringenden Appell zu ignorieren? Denn allein innerhalb des Umkreises absoluter biblischer Wahrheiten lässt sich erkennen und ausleben, was eine weise und gottgefällige Existenz ausmacht. Doch leider ist Gott vielfach „wie ein Fremder im Land" geworden (Jer 14, 8; vgl. Hos 4, 1). Um dies geändert zu sehen, erscheint ein neues geistliches Erwachen als der beste Weg.

Im täglichen Leben kommen wir nicht selten mit ‚*Strategien des Verstandes*' in Berührung, denken wir nur an Brainstorming, Meinungsumfragen, demoskopische Untersuchungen, Eignungstests und Projektplanungen. Für geistliche Durchbrüche und Fortentwicklungen sind in erster Linie ‚*Strategien des Herzens*' maßgebend, wie schon der klassische Erweckungs-Vers 2. Chronik 7, 14 aufzeigt: „… demütigt sich dann mein Volk, das nach meinem Namen genannt ist, und sie beten und suchen mein Angesicht und bekehren sich von ihrem bösen Wandel, so will ich vom Himmel her es hören und ihre Sünde vergeben und ihr Land wieder heilen" (ZB 1955).

Deutlicher wird Psalm 37 mit dem Aufweis einer fünffachen Dynamik dafür, geistlich ‚Land einzunehmen': Warten auf Gott, Rechtschaffenheit, Gehorsam, Sanftmut, der Segen Gottes (siehe Verse 9-34). Außerdem lenkt die Schrift den Blick auf die Herzensqualitäten Gottesfurcht (Ps 25, 12.13), Glauben (Jes 57, 13) und Gerechtigkeit (5 Mo 16, 20). Bei all dem darf keineswegs das große Bedürfnis nach Betern außer Acht gelassen werden, die für das Land in die Bresche treten (Hes 22, 30), gerade auch dafür, dass ein Hunger nach Gottes Wort im Land entstehen (Am 8, 11) und Gottes Herrlichkeit im Lande wohnen möge (Ps 85, 10).

Spezielle Beachtung verdient Matthäus 5,5, weil dort Jesus Christus eine der in Psalm 37 genannten ‚*Strategien des Herzens*' aufgriff: „Glückselig sind die Sanftmütigen, denn sie werden das Land erben!" (SLT). Er selbst war sanftmütig und forderte dazu auf, diese Charaktereigenschaft von Ihm zu lernen (Mt 11, 29). Paulus bezeichnete **Sanftmut** als einen Aspekt der Frucht des Geistes (Gal 5, 23) und rief dazu auf, all unseren Mitmenschen mit Sanftmut zu begegnen (Tit 3, 2).

Zum Profil einer sanftmütigen Person zählen *Gott gegenüber* ehrfürchtige Unterordnung, bereitwilliger Gehorsam, aufgeschlossene Belehrbarkeit, festes Vertrauen und dankbare Abhängigkeit. *Gegenüber den Mitmenschen* zeigt der Sanftmütige Bescheidenheit, Selbstbeherrschung, Dienstbereitschaft, Nachsicht sowie Barmherzigkeit.

Sanftmut hat nichts mit Schwäche zu tun, vom griechischen Wortsinn her kann sie sogar als ‚gezähmte Stärke' verstanden werden. In der Tat bedarf es innerer Stärke, sanftmütig zu leben. Ein sanftmütiger und stiller Geist ist kostbar in Gottes Augen (1 Petr 3, 4). In Seiner Weisheit hat Er den Sanftmütigen eine *Schlüsselrolle* zugedacht; eine Art Spezialtruppe zum Ausbau Seines Reiches, sind sie die Hoffnung für zukünftige geistliche Durchbrüche und Fortschritte. Eben ihnen stellt Matthäus 5, 5 in Aussicht, sie werden das Land erben, oder gar „das Erdreich besitzen" (LU 1912).

Ein inspirierendes Beispiel für die stille doch starke Wirkungskraft sanftmütiger Werkzeuge Gottes präsentiert das erste Missionarsehepaar der Kirchengeschichte – AQUILA und PRISCILLA. Sie trafen mit Paulus erstmals in Korinth zusammen, begleiteten ihn nach Ephesus, waren später in Rom und schließlich wiederum in Ephesus.

An ihrem Dienstansatz sollte im Zuge unserer Betrachtung Zweierlei nicht übersehen werden:

Sie nutzten ihr Haus als einen ‚Stützpunkt des Segens'. Ähnlich wie bei Kornelius öffnete ihr Herz für Menschen ihr Haus für Gott. Unter dem Schirm ihrer Gastfreundschaft konnten Bedürftige und Suchende Nahrung und Unterkunft ebenso finden wie geistliche Unterweisung und Stärkung. In Rom und Ephesus war ihr Haus Standort einer Gemeinde (Röm 16, 5; 1 Kor 16, 19), die wahrscheinlich beide dem Vier-Punkte-Muster der Urgemeinde folgten: Gemeinschaft, Lehre, Gebet, Brotbrechen (vgl. Apg 2, 42).

Als verantwortungsvolle Sachwalter und Personen des Friedens war es für Aquila und Priscilla nicht allein folgerichtig, sondern ein Anliegen, ihr Heim dem Reich Gottes zur Verfügung zu stellen, – ähnlich wie es Paulus später in Rom mit seiner Wohnung praktizierte (Apg 28, 30.31).

Sie fungierten als Teil eines ‚Netzwerks des Segens'. Total Gott hingegeben, zogen sie gemäß Seiner Weisung von Land zu Land. Dadurch, dass sie einander unterstützten und ergänzten, bildeten sie ein schlagkräftiges Tandem. Sie waren Paulus' fähige und wertgeschätzte Mitarbeiter und als solche Angehörige seines Beziehungsnetzwerks, durch das sie Segen empfangen, aber auch austeilen konnten. Denn während sie Zugang zu betender und praktischer Unterstützung durch andere gewannen, eröffneten sich zugleich für sie Möglichkeiten, Glaubensgeschwistern auf mancherlei Weise zu dienen.

Obgleich diese zwei „Stillen im Lande" nicht das Rampenlicht suchten, waren sie doch erfolgreich, indem sie sich in andere investierten. Tatsächlich sammelten sie in aller Stille Schätze im Himmel und legten damit ein ewiges Vermächtnis an.

Keiner von uns sollte die Bedeutung eines **Netzwerks des Segens** für das eigene Leben unterschätzen. Denn erst eine Vernetzung dieser Art ermöglicht, unseren Einfluss durch andere zu vermehren bzw. vervielfältigen, mit ihnen gemeinsam Herausforderungen anzugehen, die uns allein überfordern würden, – ja, unseren Lebensauftrag überhaupt erst in vollem Umfang zu erfüllen. Außerdem erweist gerade in Notzeiten ein funktionierendes ‚Netzwerk des Segens' seinen enormen Wert:

Wohl dem, der dann auf so treue Weggefährten zählen kann wie der Gelähmte in Markus 2, 1-12.
Der wohl hellste Stern unter Baron von Kottwitz' geistlichen Söhnen war der aus Breslau stammende FRIEDRICH AUGUST GOTTTREU THOLUCK (1799-1877). Hochbegabt besaß dieser bereits als 17Jähriger Kenntnis von 19 Sprachen. Nach mehrjähriger akademischer Tätigkeit in Berlin wirkte er über Jahrzehnte als Professor der Theologie in Halle.

Wie sein geistlicher Vater investierte Tholuck mit nachgehender Liebe in Einzelne, hielt Versammlungen in seinem Haus (Teetreffen, Bibelstunden, Erbauungsabende) und engagierte sich als Netzwerker für Gottes Sache. So hatte er an der Gründung der Evangelischen Allianz ebenso Anteil wie an der Entstehung der Berliner Mission, des Halleschen Diakoniemutterhauses und der Judenmission in Deutschland.

Durch Vorbild und Gebet, seelsorgerliche Gespräche und Haustreffen, Predigten und Vorlesungen, Bücher und Briefe streute er in mehr als 50 Dienstjahren kostbare Saat ins Leben von Tausenden aus dem In- und Ausland.

Das Geheimnis der tiefen Segensspuren, die Tholuck insbesondere bei seinen Studenten hinterließ, erklärte er folgendermaßen: „Solch ein Werk kann nur stattfinden, wo der Feuergeist der Strahl eines himmlischen Einflusses von Gott ist. All meinen Erfolg verdanke ich dem Feuergeist, den ich gleich zu Beginn meiner öffentlichen Karriere empfing, sowie dem Prinzip der Liebe, die sucht und nachgeht."[20]

Beispiel und Erklärung Tholucks belegen, dass die wahre Basis für ein fruchtbares Lebenszeugnis nicht in menschlicher Begabung und Bemühung besteht, sondern in göttlicher Bevollmächtigung. Der bekannte Londoner Prediger CHARLES H. SPURGEON (1834-1892) fasste unsere Bestimmung als Christen einmal in die Worte: „Wir sind berufen, die Wahrheit zu bezeugen, die Trostlosen zu ermuntern, die Gleichgültigen zu warnen, Seelen zu gewinnen und Gott zu verherrlichen …“.[21] *Von Jesus lernen wir, wie wir eigentlich sein sollen und können.* Seine authentischen Zeugen vermögen wir jedoch nur zu sein, wenn wir mit der Kraft des von Ihm gesandten Heiligen Geistes ausgestattet sind (Lk 24, 48.49; Apg 1, 8); kein Wunder, dass Paulus an seine damaligen und heutigen Leser die Mahnung weitergab, stets neu mit dem Heiligen Geist erfüllt zu werden (vgl. Eph 5, 18 Wms).

Bloße fleischliche Anstrengung reicht nicht aus, um Gottes ‚Geist-liches‘ Werk voranzutreiben. Arbeiten für Ihn wird Frucht, sobald es mit Seiner Salbung vonstattengeht. Wie verhängnisvoll wäre es, wenn Christen bei all ihrem Einsatz die Gnade Gottes versäumten (vgl. Hebr 12, 15) oder diese an ihnen sogar ohne Wirkung bliebe (vgl. 1 Kor 15, 10). Von daher, was immer neben Beten, Predigen und Hauskreisarbeit noch zur Förderung eines neuen geistlichen Erwachens unternommen werden mag, – z.B. Begegnungstage, Seminare, Konferenzen, Verbreitung von Literatur, Einsatz weiterer Medien –, jegliche Aktivität muss *unter der Leitung und in der Energie des Heiligen Geistes geschehen* (Kol 1, 28).

Erweckung kann da kommen, wo Nachfolger Jesu Christi es zu ihrem Prioritäts-Anliegen machen, eine geistliche Erneuerung in ihren *Herzen*, ihrem *Haus* und ihrem *Land* zu erleben. Angesichts dieser Tatsache ist meine Hoffnung für die Zukunft, dass „Stille im Lande“ als Menschen des Friedens sich von Gott in ihren *Herzen* anrühren lassen, ihr *Haus* als ‚Stützpunkt des Segens‘ einzusetzen und ihr ‚Netzwerk des Segens‘ zu aktivieren, um möglichst viele Mitchristen dabei zu fördern, als Licht für Gott im *Land* zu leuchten.

DER AUFTRAG

„... lasst euer Licht leuchten..."

Solange Jesus Christus auf Erden wirkte, war Er das Licht der Welt (Joh 8, 12). Mit dem Wort an Seine Jünger: „Ihr seid das Licht der Welt..." (Mt 5, 14), gab Er den Staffelstab an sie weiter. Er beauftragte sie, traute ihnen zu, Seine Mission fortzusetzen. *Das* Licht der Welt zu sein, meint das einzig vorhandene und effektive Licht, ansonsten herrscht Finsternis. Licht zeichnet sich u.a. dadurch aus, dass es sichtbar macht und Orientierung gibt, Leben ermöglicht und aufrechterhält, erwärmt und Wachstum fördert.

Auffällig ist, dass das Neue Testament noch eine Reihe anderer Vergleiche verwendet, um die Funktion des Christen in der Welt zu veranschaulichen: Salz, Sauerteig, Geruch, Brief, Bild, Same, Stern. Sie alle bergen Einfluss in sich, sind geräuschlose Agenten, zielen auf die stille Kraft eines Jesus-ähnlichen Lebens. Lautlos wie eine Kerze leuchtet, eine Blume duftet, ein Magnet anzieht, – so leuchtet in aller Stille ein gottesfürchtiger Lebenswandel, verbreitet ein geheiligter Charakter Wohlgeruch, übt ein sanftmütiger Geist Anziehungskraft aus.

Doch ging die Absicht des Meisters für Seine Jünger noch einen entscheidenden Schritt weiter. Das verdeutlicht Seine Erklärung: „Ein Feuer auf die Erde zu bringen, bin ich gekommen, und wie sehr wünschte ich, es wäre schon entfacht!" (Lk 12, 49 ZB 1955). Sie sollten nicht lediglich als Licht, sondern auch als Feuer fungieren, Fackelträger und Brandstifter für Ihn sein. Er wünschte sich Reich-Gottes-Arbeiter mit Strahl- und zugleich Zündkraft.

Mir erscheint bedeutsam, dass Er Johannes den Täufer als „die Fackel, die brennt und leuchtet" beschrieb (Joh 5, 35). Aufschlussreich ist zudem, das wesentliche Resultat Seiner Begegnung mit den beiden Emmausjüngern bestand nicht darin, dass durch Licht der Erkenntnis ihr Denken zufriedengestellt war, sondern dass ihr Herz brannte (Lk 24, 32). Vom Gründer des Zisterzienserordens BERNHARD VON CLAIRVAUX (1090-1153) stammt die tiefe Einsicht: „Glühen ist mehr als Wissen."[22]

Einer, der in neuerer Zeit für Gott leuchtete und brannte, war der Indien-Missionar JOHN HYDE (1865-1912). Er sah sich von Gott geführt, erst für eine, dann zwei, schließlich vier errettete Seelen pro Tag zu beten, und erlebte, wie Gott seine evangelistischen Bemühungen genau dementsprechend segnete. Ein Freund Hydes beschrieb dessen geistliche Wirkungskraft mit den höchst erstaunlichen Worten: „Ich bin nie einem Menschen begegnet, dessen bloße Gegenwart so sehr den Schwachen zu helfen schien, stark zu werden, den Sündigen, Buße zu tun, und den Irrenden, recht zu wandeln, wie John Hyde."[23]

Weiterhin möchte ich ‚appetitanregend' hinweisen auf den hellen Schein, welchen das Leben der Pioniermissionare D. Brainerd, A. Judson, C. F. Schwartz und L. I. Nommensen abgab, sowie auf das gewaltige Feuer, das der Dienst der Erwecker J. Wesley, J. Edwards, C. G. Finney und J. Sung verbreitete.

Solche Licht- und Feuerkraft vermittelt die Salbung des Heiligen Geistes. Es ist an uns, nach Vollmacht zu streben, geisterfüllt zu leben (vgl. Eph 5, 18) und den ‚Geist des Brennens' (Jes 4, 4 KJV) zu erbitten. Auf diesem Hintergrund ergeben sich Anfragen wie diese: Warum glimmen viele Christen unserer Tage allenfalls, glühen aber nicht? Wo sind von uns Funken übergesprungen, die in anderen ein Feuer für Gottes Sache entfacht haben?

Das Potenzial eines hingegebenen Nachfolgers Jesu Christi für die Ausbreitung des Reiches Gottes ist schier unschätzbar.

Gott verfolgt ein **globales Segnungsprogramm** (siehe 1 Mo 12, 2.3), das uns – in Christus – mit einschließt. Gott hat einen Meisterplan (vgl. Eph 2, 10), in welchem jedem von uns ein einzigartiger Platz zugedacht ist; keiner hat dieselbe Gabenkombination und Entwicklungsgeschichte, identische Erfahrungen und Kontakte. In Seiner unendlichen Weisheit hat Gott einen jeden strategisch ausgesät (vgl. Mt 13, 38) – in genau diese Familie, Nachbarschaft, Schule, Arbeitssituation, Position, u.a.m. *Unser unverwechselbarer*

Lebensbeitrag wird darin bestehen, wie wir diese einmaligen Voraussetzungen dafür nutzen, die Menschen in unserem spezifischen Lebenskontext segnend zu beeinflussen. Was meinem Denken und Handeln spezielle Spannkraft verlieh, war die Erkenntnis, dass – gemäß Gottes vorbereitendem Handeln – gewisse Dinge nur ich tun kann. Das habe ich besonders deutlich während meiner pioniermissionarischen Arbeit in Lesotho erlebt.[24]

Erfolg für einen Christen bemisst sich nicht an Reichtum, Privilegien oder Popularität, *besteht* vielmehr *darin, Gottes Erwartungen zu entsprechen*, d.h. das zu werden und zu tun, was Er geplant hat. Tragisch ist, wenn wir das von Ihm Beabsichtigte, unsere bestmögliche Zukunft, verpassen bzw. verwirken – wie jenes von Gott in die Mission berufene Ehepaar, das diesem Ruf nicht folgte und seitdem in dem Bewusstsein stand, allenfalls für das Zweitbeste zu leben …

Jedoch werden vorhandenes Potenzial unausgeschöpft und erwünschter Erfolg unerreicht bleiben, wenn nicht eines hinzukommt: **geistlicher Eifer**. Hiermit ist mehr gemeint als selbsterzeugter Tatendrang. Vielmehr geht es um eine Leidenschaft, bei der auf dem Boden unserer ernsthaften Entschiedenheit diese drei Elemente zusammenfließen: Ehrfurcht vor Gott, die Liebe Christi und die Energie des Heiligen Geistes (vgl. 2 Kor 7, 1; 2 Kor 5, 14 SLT; Kol 1, 29). Ohne solcherart übernatürliche Dynamik – ZINZENDORF sprach so treffend von „Inspiration und Hingerissenheit von oben“ – wird die Flamme menschlicher Begeisterung allzu schnell verlöschen.

Aber da, wo jemand mit wahrem Eifer brennt, bewahrheitet sich die Beobachtung des puritanischen Gelehrten THOMAS WATSON (ca. 1620-1686): „Eines Menschen Eifer ist eine brennende Fackel, an der andere sich anzünden können."[25] Ja, das eifrige geistliche Trachten eines Einzelnen kann sogar zahlreiche Nationen beeinflussen, wie die Beispiele von N. L. von Zinzendorf (Brüdergemeine), J. Wesley (Methodisten), W. Booth (Heilsarmee), D. Trotman (Navigatoren), G. Verwer (Operation Mobilisation) und L. Cunningham (Jugend mit einer Mission) bis in die Gegenwart eindrucksvoll zeigen.

GERHARD TERSTEEGEN warnte einmal: „Was dir auf deiner Reise zur Ewigkeit nicht beförderlich sein kann, lass dir auch ja nicht hinderlich sein"[26]; der bekannte schottische Mann Gottes ROBERT MURRAY M'CHEYNE (1813-1843) empfahl: „Gläubige sollten alles im Licht der Ewigkeit betrachten."[27] Und ANDREW MURRAY (1828-1917), südafrikanischer Pfarrer und Autor, gab zu bedenken: „Frage dich, ob du auf denen um dich her einen Stempel für die Ewigkeit hinterlässt."[28]

Kein Zweifel, Christen benötigen eine **Ewigkeitsperspektive**, um ihre irdische Existenz zielbewusst und fruchtbringend zu gestalten. Dabei bedeutet Leben für sie nicht lediglich Dauer, sondern Verantwortung.

Sie sind hier nicht zum Selbstzweck, stehen vielmehr unter dem Auftrag, Gott zu dienen und die Ausbreitung Seines Reiches zu fördern. *Wen Gott beauftragt, den befähigt Er auch.* Wir sind ‚unsterblich', bis unsere gottgegebene Mission erfüllt ist.

Unsere Zeit auf Erden dient der Vorbereitung: getroffene Entscheidungen, gesammelte Erfahrungen, gemeisterte Anfechtungen, erlangte Weisheit, errungene Siege – all das formt unseren Charakter im Hinblick auf das, was vor uns liegt. Gleichzeitig entscheidet unser Werdegang darüber, ob wir *ein bedeutsames Leben* geführt haben, d.h. Gottes Willen ausführten, andere segneten und in ihrer geistlichen Entwicklung förderten, viel Frucht brachten, ein bleibendes oder gar wachsendes Vermächtnis hinterließen – kurzum, ob wir Schätze im Himmel angelegt haben (vgl. Mt 6, 19-21).

Wesentlich bei all dem ist, nicht ‚das ewige Evangelium' außer Acht zu lassen (vgl. Offb 14, 6.7 ZB 1955). Dessen zwei Brennpunkte – *Gott zu fürchten* und *Gott zu verherrlichen* – benennen ‚Start- und Zielpunkt' der christlichen Existenz. Allerdings stellt sich die Frage, wie viele Gläubige tatsächlich in wahrer Ehrfurcht vor Gott leben und alles zu Seiner Verherrlichung tun (vgl. 1 Kor 10, 31 KJV). Hierzu sei daran erinnert, dass wir gerade deshalb unser Licht vor den Menschen leuchten lassen sollen, damit Gott verherrlicht wird (Mt 5, 16 KJV). Wir verherrlichen Ihn durch einen sanftmütigen und stillen Geist (vgl. Mt 11, 29; 1 Petr 3,4) und durch die Ausführung unseres Lebensauftrags (vgl. Joh 17, 4). Darüber hinaus ehren wir Ihn, indem wir viel Frucht bringen (Joh 15, 8) und sich Seine Verheißungen in unserem Leben erfüllen (2 Kor 1, 20).

In welchem Maß dient unser Leben der Verherrlichung Gottes? In diesem Zusammenhang erscheint mir die außerordentliche Wertschätzung beachtenswert, die HEINRICH JUNG-STILLING (1740-1817), berühmter Augenarzt und Leitgestalt unter den „Stillen im Lande", dem schon früher erwähnten Wanderprediger HOCHMANN VON HOCHENAU entgegenbrachte. So betonte er, dieser „redete mit erstaunlichem Enthusiasmus und mit unbeschreiblichem Feuer ... und alles, was er lehrte, belebte er selbst; ganz Meister über sein Herz und über seine Leidenschaften, demüthig und gelassen im höchsten Grad, stahl er Jedem das Herz, der mit ihm umging; mit Einem Worte, er war ein herrlicher Mann!"[29]

Das erstaunliche Beispiel Hochenaus (begeistert, feurig, authentisch, demütig, gewinnend) lenkt einmal mehr den Blick auf den zentralen Aspekt der **geistlichen Wirkungskraft**. *Mit göttlicher Vollmacht ausgestattete Menschen umgibt eine besondere Atmosphäre:* Sie rufen Achtung, ja, Bewunderung hervor; sie kennzeichnet eine gebietende Eindrücklichkeit; von ihnen geht eine spezielle Anziehungskraft aus; durch sie werden neue geistliche Horizonte erkennbar; sie vermitteln innere Erfrischung; sie leuchten mit biblischer Wahrheit und brennen mit dem Feuer des Heiligen Geistes. Wer auf sie trifft, wird inspiriert, entzündet für Gottes Sache und spürt den Wunsch, so wie sie zu sein und ähnlich von Gott gebraucht zu werden. Später sehnt man sich nach ihrer Gegenwart ‚wegen der überreichen Gnade Gottes in ihnen' (vgl. 2 Kor 9, 14 KJV).

Sind wir solchen Menschen begegnet, mit ihnen vernetzt und – vor allem – selbst von dieser Art?

M'CHEYNE war überzeugt: „Ein hervorragender Christ ehrt Gott mehr als ein Dutzend andere…".[30] Ein wahrer Christ lebt durch die Andersartigkeit seines Denkens, Redens und Handelns eine *geheiligte Alternative*, und weil er anders ist, kann er andere verändernd beeinflussen. Sind wir in dieser Hinsicht auf Kurs, oder sind wir Gott „peinlich" (vgl. Hebr 11, 16)?

Zu der Schau für „die Stillen im Lande", welche Gott uns als „Barnabas Netzwerk" übertrug, fügte Er einige wegweisende und ermutigende Verheißungen hinzu (u.a. Jes 59, 19; Dan 11, 32.33; Mi 5, 6; Jes 32, 2; Jer 30, 19). Mit dem bedeutenden Pioniermissionar ADONIRAM JUDSON (1788-1850) bin ich überzeugt, dass die Zukunftsaussichten „so glänzend wie die Verheißungen Gottes" sind.[31]

Daher können wir vertrauensvoll von Gott erbitten und erwarten, was dem Bau Seines Reiches, der Stärkung Seiner Gemeinde und der Verherrlichung Seines Namens dient, in dem Wissen: Einer mit Ihm ist schon eine Mehrheit.

Eine abschließende gewichtige Anfrage

Im Sommer 2020 sprach ich im Laufe eines Seminars in der Schweiz von einer Karaffe, die ich eine Weile zuvor in einer Brockenstube entdeckt hatte. Verbogen, verbeult und verschmutzt, musste das vermutlich aus dem Vorderen Orient stammende Gefäß einmal Brauchbarkeit und Schönheit besessen haben. Doch nun, unansehnlich und unbeachtet auf einem unteren Regalplatz gelandet, sollte es für fünf Franken verschleudert werden.

Ich kaufte die Karaffe, geleitet von der Überlegung und gespannten Erwartung, wie sie wohl aussehen und wirken würde, wenn ich einige Mühe investierte, um ihr verborgenes Potenzial sichtbar werden zu lassen. So setzte ich zunächst Geld, Zeit und Kraft, Sandpapier, Reinigungsmittel und Putzlappen ein. Später dann präsentierte ich den Seminarteilnehmern zu ihrer Überraschung das Ergebnis – die in ihren Messing- und Kupferteilen glänzende Kanne!

Diese Karaffe ließ Gott mich erkennen als ein Symbol für die vielen „Stillen im Lande", die sich hinsichtlich Seiner eigentlichen und größeren Absichten in der Versenkung oder auf dem Abstellgleis befinden, aber nach wie vor das Potenzial in sich tragen, für Ihn zu leuchten. Aus verschiedensten Gründen aus dem Blickfeld geraten, sehnen sie sich immer noch nach geistlichem Fortschritt und fruchtbarem Engagement für Gott.

Wo sind diejenigen, die dieses schlummernde Potenzial erkennen und sich ernsthaft dafür einsetzen wollen, es zu wecken und zum Leuchten zu bringen?

Mir ist es ein brennendes Anliegen, „die Stillen im Lande“ aufzufinden, aufzubauen und aufzufordern, ihre von Gott zugedachte Rolle zu übernehmen – dir auch?

ANHANG

Anmerkungen

Alle Zitate aus englischen Quellen wurden vom Autor übersetzt. Geringfügig bearbeitete Texte sind durch (g. b.) kenntlich gemacht.

[1] Zitiert in: H. Pickering (Ed.) "1000 Acts and Facts" (s. a.), p. 135
[2] "The Inner Chamber and The Inner Life" (1907), p. 133
[3] Siehe H. Renkewitz „Hochmann von Hochenau" (1969), S. 69 (Fußnote)
[4] E. Beyreuther (Hg.) „P. J. Spener: Umkehr in die Zukunft" (1975), S. 16
[5] Die Originalquelle ist mir nicht bekannt
[6] E. F. & L. Harvey "The Christian's Daily Challenge" (1961), p. 210
[7] Entnommen aus: H. Pickering (Ed.) "Soul Food" (s. a.), p. 127
[8] Diese Aussage ist zu finden unter: https://banneroftruth.org/uk/store/church-ministry/the-reformed-pastor
[9] "By My Spirit" (1942), p. 13
[10] „Tägliche Brosamen" (1744, Nachdruck), S. 290, S. 102
[11] „Sechs Bücher vom wahren Christentum" (s. a.), S. II
[12] Zitiert in: G. Krallmann (Hg.) „Denn ich will Wasser ausgießen auf das dürstende Land…" (1980), S. 49
[13] Ibd. S. 81
[14] "In Green Pastures" (s. a.), p. 199 (g.b.)
[15] F. W. Bodemann „Johann Caspar Lavater" 1. Theil (1877), S. 76 (g. b.)

[16] G. A. Benrath (Hg.) „Gerhard Tersteegen. Briefe 1" (2008), S. 272 (g. b.)

[17] Fortlaufender Quellennachweis:
T. Baumann (Hg.) „Gerhard Terstegen. In Gottes Gegenwart" (2011), S. 9 - „Briefe 1", S. 107 (g. b.) - Ibd. S. 550 (g. b.) - G. A. Benrath (Hg.) „Gerhard Tersteegen. Briefe 2" (2008), S. 161 (g. b.) - „Tägliche Brosamen", S. 25 - „Briefe 2", S. 406 (g. b.)

[18] „Tägliche Brosamen" S. 127

[19] So Howard Snyder, zitiert in: D. Watson "Discipleship" (1981), p. 91

[20] Zu finden in: A. M. Hills "Holiness and Power" (1897), p. 340

[21] "Morning and Evening" (1991), p. 705

[22] R. M. Saur O. Cist. „Glühen ist mehr als Wissen" (1977), S. 147

[23] Captain E. G. Carré "Praying Hyde" (s. a.), p. 140

[24] Siehe Günter & Ulrike Krallmann „Tiefer – Klarer – Weiter" (2018), besonders die Seiten 11f., 16f. und 120f.

[25] "The Great Gain of Godliness" (2006), p. 8

[26] Baumann, op. cit., S. 10

[27] "Sermons of M'Cheyne" (1961), p. 50

[28] "The Mystery of the True Vine" (1899), p. 165

[29] Quelle: https://de.wikipedia.org/wiki/Ernst_Christoph_Hochmann_von_Hochenau

[30] "A Basket of Fragments" (1848/1996), p. 82

[31] F. Wayland "A Memoir of the Life and Labours of the Rev. Adoniram Judson" Vol. II (1853), p. 317

Personenregister

Sachverzeichnis

Ausgewählte Literatur zu den "Stillen im Lande"

Andel, C. P. van „Gerhard Tersteegen“ (1973)

Baudert, S. & Steinmann, T. (Hg.) „Die Welt der Stillen im Lande“ (1922)

Bevan, F. "Sketches of the Quiet in the Land" (s. a.)

Broadbent, E. H. „2000 Jahre Gemeinde Jesu“ (1965)

Busch, W. „Die von Herzen dir nachwandeln“ (1975)

Erb, J. „Die Wolke der Zeugen“ 4 Bde. (1952 – 1963)

Hauss, F. „Väter der Christenheit“ (1976)

Klepper, J. „Der König und die Stillen im Lande“ (1956)

Maser, P. „Hans Ernst von Kottwitz“ (1990)

Tersteegen, G. „Leben heiliger Seelen“ Bd. 1 (1815), Bd. 3 (1786)

Weber, O. & Beyreuther, E. (Hg.) „Die Stimme der Stillen“ (1959)

Weigelt, H. „Lavater und die Stillen im Lande“ (1988)

Witte, L. „Das Leben D. Friedrich August Gotttreu Tholuck's“ 2 Bde. (1884, 1886)

Funken biblischer Wahrheit

Unter diesem Titel soll über die nächsten Jahre eine umfangreiche Serie von Kleintexten veröffentlicht werden, die in der Einführungsschrift „LEUCHTEN FÜR GOTT" berührte Themen ergänzen und vertiefen.

Jede Abhandlung dieser Reihe wird neben biblischer Betrachtung auch Leitfragen zum Selbststudium und Gruppenaustausch enthalten.

Gegenwärtig sind u. a. folgende Themen angedacht:

Segnungen wahrer Gottesfurcht
Ein Grundverständnis von Heiligkeit
Wer wird das Land ererben?
Eifer für Gott
Bedingungen für Erweckung
Mit Gott wandeln
Biblische Nachfolge
Einander geistlich stärken
Ein Segen für andere sein
Zur Verherrlichung Gottes leben

Auskunft darüber, welche Themen als gedruckte Kleinschrift oder als PDF-Datei zur Verfügung stehen werden, gibt die Webseite ***www.barnabasnetzwerk.com***.

„... denke daran, wie ein bloßer Funke einen riesigen Wald in Brand setzen kann."
(Jak 5,3 Wey)

Barnabas Netzwerk

Das „Barnabas Netzwerk" wurde 2010 von Günter Krallmann ins Leben gerufen.

Es ist eine internationale Dienst-Initiative, die auf der Basis *gelebter Bruderschaft* drei Hauptziele verfolgt: durch Seminare **biblische Lehre** zu vermitteln, **auferbauende Literatur** zu publizieren und verbreiten, sowie durch **Barmherzigkeitsdienste** „Hoffnung für die Hilflosen" in Lesotho bereitzustellen.

Günter leitet das Netzwerk gemeinsam mit **zwei nationalen Koordinatoren** für die Schwerpunktländer Schweiz und Deutschland wie auch **zwei Verantwortlichen** für die überregionalen Unterstützungszweige Literatur, Barmherzigkeitsarbeit und Gebet.

Assoziierte Mitarbeiter unterstützen die praktische Umsetzung der Auftragsprioritäten im Rahmen von Seminarabwicklung und Projektgestaltung.

Alle Beteiligten arbeiten **ehrenamtlich**.

*

Die **Webseite** ***www.barnabasnetzwerk.com*** liefert u.a. Informationen zu angebotenen Seminaren, erhältlicher Literatur, hilfreichen Ressourcen und Kontaktmöglichkeiten.

Vom selben Autor

„*Denn ich will Wasser ausgießen auf das dürstende Land…*'. Botschaften über Notwendigkeit, Kennzeichen und Bedingungen von Erweckung. Spurgeon, Finney, Torrey, Campbell, Tholuck, Hofacker, Gossner, Krummacher" Übersetzt, eingeleitet und herausgegeben von Günter Krallmann (1980)

„*Jesus folgen.* Ein Handbuch über Grundlagen von Jüngerschaft" (3. Auflage 2006)

„*Mit Jesus leiten.* Ein Handbuch über Qualifikationen für geistliche Leiterschaft" (2. Auflage 2006)

"*Missionary Strategy and Effectiveness.* Thoughts from J. Hudson Taylor" Compiled and edited by Günter Krallmann (s. a.)
(An officially unpublished documentation for the second Frontier Missions Consultation of YWAM)

„*Leidenschaftliche Leiterschaft.* Der Auftrag Jesu zur Mission" (3. Auflage 2008)

„*Tieferes Leben in Christus.* Wegweiser zu Christus-Ähnlichkeit und Kraft im Dienst" Aus Werken Andrew Murrays ausgewählt und herausgegeben von Günter Krallmann (1996, 2006, 2019)

„*Vom Potenzial zur Vollmacht.* 10 Schlüssel zur geistlichen Leiterschaft“ (2000, 2013)

„*Herzensvorbereitung für Erweckung.* Ein vierzigtägiger Leitfaden für die persönliche Stille“ (2002)

„*Morgenstern der Mission.* Das außerordentliche Leben und Wirken des Christian Friedrich Schwartz“ (2008)

„*Im Licht von Gottes Herrlichkeit.* Wie Erweckung kam und wieder kommen kann“ (2011, 2020)

* * *

Günter & Ulrike Krallmann „*Tiefer – Klarer – Weiter.* Bemerkenswerte Erfahrungen über 40 Jahre in der Mission“ (2018)

GÜNTER KRALLMANN

TIEFERES LEBEN IN CHRISTUS

Wegweiser zu Christus - Ähnlichkeit und Kraft im Dienst

Dieses Buch entstand aus dem Wunsch, allen ernsthaften Nachfolgern Jesu, denen ihr Wachstum zu größerer geistlicher Reife ein Herzensanliegen ist, Wegweisung zu vermitteln.

Mit seinen einsichtsreichen und durchdringenden Gedanken entfaltet der Autor Kostbarkeiten an Wahrheit für die persönliche Erneuerung. Die Zitate aus über 60 Schriften Andrew Murrays sind nach 31 Themengruppen zusammengestellt und eignen sich auch als Aufhänger für weiterführende Gespräche innerhalb von Hauskreisen, Leitergruppen und Bibelklassen etc.

Aus Werken Andrew Murrays ausgewählt und herausgegeben von Günter Krallmann.

VERLAG GOTTFRIED BERNARD

ISBN 978-3-941714-66-3 • Best.-Nr. 175566